AF636140

Theresa Knipschild

Kuchen für immer

Einfach gut backen mit Theresa

Inhalt

Vorwort

Die Begeisterung für Kuchen fing schon früh an. Einmal im Jahr, zum Geburtstag im Kindergarten: Jedes Kind brachte zum eigenen Ehrentag Süßigkeiten oder Kuchen für die anderen Kinder mit. Meine Mama backte jedes Jahr kleine Nusstörtchen mit Schokoladenglasur, bunten Zuckerstreuseln und Weingummitierchen (Rezept → S. 26). Alle Kinder mochten diese Törtchen sehr, ich mochte sie am meisten und war stolz, diese Küchlein festlich verteilen zu dürfen. Als ich dann alt genug war, habe ich diese Törtchen so oft es ging nachgebacken.
Schon damals fiel mir auf, dass – auch wenn ich mich genau an die Rezeptur hielt – Mamas Törtchen anders schmeckten. Ich bin der festen Überzeugung, dass man Gefühl in Kuchen schmecken kann und dass das die geheime Zutat ist, die fühlbar ist und Kuchen zu etwas ganz Besonderem macht. Natürlich spielen auch Technik, Handwerk und vor allem eine gute Qualität der Zutaten eine große Rolle, aber Gefühl, Erinnerungen und Mühelosigkeit sind für mich ebenso wichtig für den fertigen Kuchen.
Durch Zufall bin ich 2019 beim Fernsehen gelandet. Ich habe zwar schon immer sehr gerne und viel Fernsehen geguckt, aber dass ich das alles mal vor der Kamera und nicht auf dem Sofa zu Hause erleben darf, kann ich heute manchmal immer noch nicht glauben. Vor der Kamera zu backen ist jedes Mal sehr aufregend und macht mir sehr viel Freude.
Ich möchte euch in diesem Buch und im Fernsehen Rezepte zeigen, die ich selbst gerne zubereite und die ganz einfach nachzumachen sind. Dazu sind keine aufwendigen Zutaten, komplizierten Abläufe oder teuren Maschinen notwendig. Ich versuche, meine Kombination aus erlerntem Handwerk und alltagstauglichen Tipps zu vermitteln und möchte euch dazu inspirieren, etwas Schönes für euch oder für liebe Menschen in eurer Umgebung zu backen.
In meiner Küche zu stehen und während des Backens daran zu denken, mit dem Geschmack, der Konsistenz oder den Erinnerungen gute Gefühle in anderen Menschen auszulösen, macht mir sehr viel Freude, und diese Rezepte mit euch zu teilen, macht umso mehr Spaß.

Ich wünsche euch viel Spaß beim Backen, Experimentieren und Probieren!

Eure

Theresa

Grundwissen für immer

Ob Grundbegriffe,
Küchenutensilien oder
Zutaten für immer.
Basiswissen für alle – mit
oder ohne Backerfahrung.

Grundbegriffe von A-Z

Auf den folgenden Seiten findet ihr ein kleines „Wörterbuch" der wichtigsten Grundbegriffe und Techniken. Lest sie euch einmal aufmerksam durch, dann sind sicher schon einige Fragen beantwortet und ihr tut euch später beim Backen viel leichter.

APRIKOTIEREN

Um frische Früchte auf Kuchen abzuglänzen und auch noch am nächsten Tag appetitlich aussehen zu lassen, koche ich etwas Aprikosenkonfitüre mit etwas Wasser stark auf, sodass eine dickliche Konsistent entsteht. Stückige Konfitüre streiche ich vorab durch ein Teesieb. Anschließend einfach aufpinseln. Bei roten Früchten benutze ich rote Konfitüre. Das ist eine gute Alternative zu Tortenguss.

BACKOFENEINSTELLUNG

In jedem Rezept habe ich angegeben, bei welcher Einstellung das Gebäck im Ofen idealerweise gebacken werden sollte. Ihr kennt euren Ofen natürlich besser als ich und wisst wahrscheinlich, welche Einstellung sich am besten für was eignet. Als grobe Faustregel gilt: 180 °C Ober-/Unterhitze entsprechen 160 °C Umluft. Also 20 °C Unterschied.

Bei Umluft kann auf mehreren Blechen gleichzeitig im Ofen gebacken werden. Dann empfehle ich, die Position der Bleche nach mindestens der Hälfte der Backzeit im Ofen zu tauschen; denn auch wenn die heiße Luft im Ofen herumgewirbelt wird, kommt sie nicht überall gleichmäßig an.

Bei Ober-/Unterhitze ist die Schiene, auf der das Blech eingeschoben wird, ein wichtiges Kriterium für das Gelingen des Backwerks. Boden und Oberfläche können schnell verbrennen – oder auch ganz bewusst knusprig gebacken werden.

BACKZEIT UND -TEMPERATUR

Jeder Backofen ist anders! Ich habe jedes Rezept mindestens dreimal gebacken und die Zeiten penibel gestoppt, trotzdem ist jede Zeitangabe nur eine Empfehlung, und das Gebäck ist auf eure Sinne angewiesen. Überprüft jedes Gebäck nach der Hälfte der Backzeit, variiert die Temperatur, dreht das Backblech oder wechselt die Bleche im Ofen. Eine Stäbchenprobe (→ S. 10) hilft auch oft.

FILETIEREN

Das heißt, dass die feinen Filets z. B. einer Orange einzeln herausgeschnitten werden. Dafür die obere und untere Rundung der Frucht so abschneiden, dass man das Fruchtfleisch sieht. Die Schale mit einem Messer rundherum so abschneiden, dass die weiße Haut mit entfernt wird. Die einzelnen Filets der Frucht herausschneiden. Am besten arbeitet ihr über einer Schüssel, um den Saft aufzufangen. Den restlichen Saft auspressen und für etwas anderes verwenden. Alternativ die Schale der Orange abschneiden und das Fruchtfleisch in Scheiben schneiden.

FORMEN VORBEREITEN

In den Rezepten tauchen häufig die Wörter „fetten" und „mehlieren" auf, die nichts anderes bedeuten als die Form einzufetten und mit Mehl zu bestäuben. Das bildet eine Anti-Haft-Beschichtung, die dafür sorgt, dass der Kuchen sich einfacher aus der Form lösen lässt. Für das Einfetten einen Backpinsel oder ein Stück Küchenpapier benutzen. Butter, Margarine oder Öl eignen sich gleichermaßen gut. Zum Mehlieren eignet sich das Mehl, das auch im Rezept verwendet wird. Für eine knusprige Kruste könnt ihr Paniermehl nehmen.

FRITTIEREN

Um herauszufinden, ob das Frittierfett bereits heiß genug ist, einfach den Holzstiel eines Kochlöffels oder einen Schaschlikspieß in das flüssige Fett halten. Die richtige Temperatur ist erreicht, wenn sich um das Holz herum kleine Bläschen bilden und nach oben steigen. Dann hat das Öl eine Temperatur von etwa 170 °C und ist optimal zum Frittieren. Wer ein Küchenthermometer hat, kann natürlich damit ganz präzise messen.

GEFÜHL

Die wichtigste Zutat im Kuchen! Ob beim Rühren, Kneten oder Backen – ohne diese Zutat wird der einfachste Kuchen nichts. Ich bin mir sicher, dass man Gefühl im Kuchen schmeckt und dass deswegen der Kuchen – auch nach dem gleichen Rezept zubereitet – von jeder Person anders schmeckt.

KUCHEN AUS DER FORM LÖSEN

Auch wenn es verführerisch ist, bitte den Kuchen nicht sofort stürzen oder aus der Form lösen, sobald er aus dem Ofen kommt. Der Kuchen zieht sich beim Abkühlen ein bisschen zusammen und wird dabei auch fester, sodass er sich besser aus der Form lösen lässt. Je nach Größe der Form 20 bis 30 Minuten abkühlen lassen und mit einem stumpfen Messer am Rand den Kuchen lösen. Dann auf eine Kuchenplatte stürzen. Löst sich der Kuchen nicht auf Anhieb, die Kuchenform mit einem schnellen, festen Hieb auf die Arbeitsplatte stoßen. So sind schon einige Kuchen aus der Form gekommen.

TIPPS – **Pannenhilfe**

- Alleskönner im Glas: Gebäckstücke sind zu trocken geworden? Einfach zerkrümeln und mit etwas Konfitüre und Sahne oder Vanilleeis im Glas servieren.
- Mit dem Hefeteig ist etwas schiefgelaufen? Macht einen Scheiterhaufen (→ S. 114) oder Arme Ritter daraus.
- Falls Gebäckstücke zu dunkel werden (natürlich nicht verkohlt!), die obere Schicht abschneiden und das Gebäck mit Puderzucker bestäuben.

Nur wenn Salz und Zucker vertauscht wurden, ist man wirklich machtlos.

REZEPTE RICHTIG LESEN

Lest das Rezept, das ihr backen möchtet, erst einmal vorab gründlich durch. Sind alle Zutaten und benötigten Utensilien im Haus? Haben die Zutaten die richtige Temperatur zum Verarbeiten? Passen die Kühl-, Ruhe- und Backzeiten in den Zeitplan oder kommt der Besuch schon in einer Stunde? Viele Teilschritte von Rezepten lassen sich gut schon einen Tag vorher erledigen.

RUHEZEITEN

Die angegebenen Ruhe-, Kühl- und Gehzeiten müssen eingehalten werden. Ich bin eine ungeduldige Person und kann euch versprechen, dass die in den Rezepten angegebenen Ruhezeiten wirklich unbedingt nötig sind und meistens auch nicht durch einen Aufenthalt im Tiefkühlfach verkürzt werden können. Die gute Nachricht: Während der Ruhezeit könnt ihr gut die Küche aufräumen oder den nächsten Schritt des Rezeptes vorbereiten. Wenn es eilt, entscheidet euch lieber für ein anderes Rezept.

STÄBCHENPROBE

Um zu prüfen, ob ein Kuchen im Inneren durchgebacken ist, einen Schaschlikspieß in die Mitte des Kuchens stechen. Wenn der Spieß sauber rauskommt, ist der Kuchen fertig. Wenn nicht, die Backzeit verlängern. Droht der Kuchen dann zu dunkel zu werden, die Temperatur reduzieren.

TORTENBÖDEN SCHNEIDEN

Bevor einzelne Böden für eine Torte geschnitten werden können, muss der Boden unbedingt vollständig abgekühlt sein. Am besten backt und kocht ihr die Böden und die Cremes bereits am Vortag.
Um die Böden gleichmäßig zu schneiden, den Tortenboden mit einem langen Sägemesser zunächst rundherum etwa 1 cm tief einschneiden. Den Tortenboden anschließend mit einer Hand drehen und dabei bis zur Mitte immer tiefer durchschneiden, bis der Boden vollständig durchtrennt ist.
Ist ein Tortenboden beim Backen sehr unregelmäßig und kuppelförmig aufgegangen, ist das kein Problem. Schneidet diese Schicht einfach so gerade wie möglich ab. Die unregelmäßige obere Hälfte wird zum Boden, die glatte untere Hälfte des Bodens dient umgedreht in der fertigen Torte als oberer Abschluss. So ist eine schöne, gerade Kante sichergestellt und Unebenheiten lassen sich kaschieren.

TORTEN UND KUCHEN AUS DEM RING LÖSEN

Kuchen lassen sich mit dem Rücken eines ganz normalen Buttermessers aus der Besteckschublade einfach aus dem Ring oder aus der Springform lösen. Das Messer dafür wie auf dem Bild rechts oben zu sehen flach gegen den Rand drücken und die Form dabei drehen. Mit einem scharfen Messer hingegen könnte die Beschichtung der Form zerstört werden, außerdem könnten abgesplitterte Teile der Beschichtung an den Rand des Kuchens und damit später auf euren Kuchenteller gelangen.
Sahnetorten (vor dem Servieren etwa 30 Minuten im Tiefkühlgerät aufbewahrt) lassen sich hervorragend mit einem Haartrockner aus der Form lösen. Dafür die Torte rundherum kurz und heiß föhnen. Dabei den Ring ständig drehen, damit ihr nicht zu lange an einer Stelle bleibt. Sonst wird die Sahne in der Torte zu heiß und verläuft. Anschließend den Ring vorsichtig lösen.

So geht die Stäbchenprobe.

So wird Kuchen vom Rand gelöst.

Den Tortenboden rundum unter Drehen einschneiden.

Den Tortenboden vorsichtig abheben.

WASSERBAD

Für ein Wasserbad zum Schmelzen von Kuvertüre und anderen Zutaten einen Topf mit etwas Wasser füllen und eine hitzebeständige Schüssel, die so groß ist, dass sie auf dem Topfrand aufliegt (und folglich nicht im Wasser schwimmt) daraufsetzen.

Die zerkleinerte Kuvertüre in die Schüssel geben und bei eher schwacher Hitze unter Rühren schmelzen lassen. Die Schüssel sollte dabei nicht das Wasser berühren, nur der Wasserdampf lässt die Kuvertüre schmelzen. So ist sichergestellt, dass sie nicht zu heiß wird.

Küchenhelfer für immer

Einige Utensilien sind beim Backen unbedingt notwendig – auf andere kann man getrost verzichten. Hier meine Lieblingswerkzeuge, die viele Abläufe vereinfachen:

BACKFORMEN

Ob Aluminium, Stahl oder Weißblech, es gibt zahlreiche Ausführungen in allen Preiskategorien. Viele Oberflächen sind nicht schnittfest, Kratzer können schnell zu Rost führen. Ich spüle meine Backformen nie in der Spülmaschine und trockne sie direkt gründlich – meistens umgedreht im noch warmen Backofen. Mit Backformen aus Silikon habe ich mich noch nicht angefreundet – das ist aber Geschmackssache. Ich benutze am liebsten einfache beschichtete Stahlformen, die ich gründlich einfette und mehliere.

Die wichtigsten Backformen:

- Backblech 36 x 42 cm
- Springform 26 cm ø, mit Rohrbodeneinsatz
- eckige Tarteformen 21 x 21 cm und 35 x 11 cm
- runde Tarteform 26 cm ø
- Kastenform 25 x 11 x 7 cm und 30 x 11 x 8 cm
- Muffinblech mit 12 Mulden

BACKMATTE

Die Investition in eine Backmatte aus Silikon lohnt sich auf jeden Fall. Auch wenn qualitativ hochwertige Matten nicht ganz günstig sind, ersparen sie viele Rollen Backpapier und damit viel Müll. Am ersten Ausbildungstag lernt man: niemals, unter keinen Umständen, mit einem Messer auf der Silikonmatte arbeiten! Guter Tipp: Meine Backmatte ist über zehn Jahre alt und kann sogar in die Spülmaschine.

BACKPAPIER

Backpapier könnt ihr sehr gut öfter verwenden. Es sollte – auch wenn der Name das vermuten lässt – nicht im Papiermüll entsorgt werden. Wegen der Beschichtung gehört es in den Restmüll.

BACKPINSEL

Ob Silikon oder Naturborsten, das ist Geschmackssache. Pinsel aus Silikon lassen sich praktisch in der Spülmaschine reinigen – Holzwerkzeuge aller Art gehören niemals in die Spülmaschine.
Naturborsten sind der Klassiker. Günstige Holzpinsel verlieren jedoch häufig ihre Borsten, daher schon beim Kauf auf festsitzende Borsten achten, die sich beim Zupfen oder Streichen über die Hand nicht lösen. Lieber nicht den billigsten Pinsel kaufen.

EISPORTIONIERER

Zum Portionieren von Teigen sehr praktisch. Bei Cookie-Teig muss die Menge nicht genau abgewogen werden, sondern kann praktisch direkt aufs Blech portioniert werden. Auch zum Befüllen von Muffinmulden ist er ein praktischer Helfer.

Außerdem wichtig:

- Ausstechformen
- Messer
- Schaschlikspieße
- Teigrad
- Paletten
- große und kleine Schüsseln aus Kunststoff, Metall und Glas
- Siebe in verschiedenen Größen

REIBE
Eine feine Reibe für die Schale von Zitrusfrüchten, Ingwer oder Muskatnuss ist eine wichtige Anschaffung. Die Reibe auf keinen Fall in die Spülmaschine geben, dann hält sie jahrelang! Oberflächlich etwas zu dunkel geratene Kuchen lassen sich damit übrigens auch wunderbar etwas heller „polieren".

RÜHRGERÄT
Ob Handrührgerät oder starke Küchenmaschine, um Butter und Eier geschmeidig aufzuschlagen oder kräftig und lange zu kneten, reicht die bloße Muskelkraft meistens nicht aus. Ein Handrührgerät oder eine Küchenmaschine mit Quirlen und Knethaken helfen und sind für die meisten Rezepte in diesem Buch wirklich notwendig.
Eine Küchenmaschine lohnt sich nur, wenn sie regelmäßig benutzt wird bzw. die zahlreichen anderen Funktionen ebenfalls zum Einsatz kommen. Wenn nicht regelmäßig gebacken wird, reicht ein Handrührgerät im Haushalt vollkommen aus.

WICHTIG
Nicht immer ist elektrische Kraft von Vorteil: Mehl sollte – wenn nicht anders beschrieben – immer nur kurz untergehoben werden, sonst wird der Teig klebrig. Für das Unterheben von Zutaten am besten einen Teigschaber benutzen.

SPRITZBEUTEL UND TÜLLEN
Ich verwende sowohl Einweg- als auch Mehrwegspritzbeutel. Einwegspritzbeutel könnt ihr auch hervorragend mehrmals benutzen, und sie sind im einmaligen Gebrauch für empfindliche Cremes die hygienisch absolut sichere Variante. Wichtig bei wiederverwendbaren Spritzbeuteln: gründlich spülen und hochkant vollständig auf links gezogen trocknen lassen. Ich benutze am liebsten diese Tüllen: Lochtülle 20 mm, Sterntülle 11 mm und eine französische Sterntülle 18 mm. Bei der Handhabung von Spritzbeutel und Tülle gilt wie so oft im Leben: Übung macht den oder die Meister*in.

TEIGKARTEN
Sie werden auch Hörnchen oder Schlesinger genannt. Dieses Werkzeug habe ich in der Ausbildung kennen- und liebengelernt. Mit der Rundung des Hörnchens lassen sich Massen, Teige und Cremes optimal aus Schüsseln transportieren. Die flache Rückseite eignet sich zum Portionieren von Hefeteigen oder zum groben Reinigen der Arbeitsfläche.

TEIGSCHABER
Mein allerwichtigster Helfer in der Küche, zum Unterheben, Auskratzen oder Umfüllen. Mit dem flexiblen Silikonoberteil kommt man überall hin.

WAAGE
Ich benutze eine digitale Küchenwaage, damit habe ich auch die Zutaten für die Rezepte in diesem Buch abgewogen und getestet. Das ist reine Gewohnheitssache. Meine Mutter backt schon immer mit einer analogen Waage und lehnt jede Veränderung vehement ab. Das ist okay, ihre Kuchen schmecken auch ohne digitale Waage am besten. Da ihr wahrscheinlich nicht in einem Labor backt, empfehle ich euch eine 1-g-Graduierung, das reicht vollkommen.

Zutaten für immer

Mir ist es wichtig, dass nicht zu ausgefallene Lebensmittel benötigt werden, deren Reste dann im Schrank verderben. Alle Zutaten für meine Kuchen bekommt ihr im Supermarkt. Zu besonderen Zutaten gibt es jeweils bei den Rezepten Erklärungen.

AGAR-AGAR

Die vegane Alternative zu Gelatine gibt es in vielen Supermärkten. In der Packungsbeilage sind Dosierung und Verarbeitung genau beschrieben. Wichtig ist: Agar-Agar muss unbedingt 2 Minuten in Flüssigkeit aufkochen, damit es seine Gelierkraft entfaltet. Danach mit den kalten Zutaten mischen. Agar-Agar und Säure (z. B. Zitronensaft) vertragen sich nicht, das Mittel verliert die Gelierfähigkeit.

EIER

In allen Rezepten verwende ich Eier der Größe M (Gewichtsklasse 53 bis < 63 g). Falls euch ein Ei der leichteren oder schweren Gewichtsklasse begegnet, keine Sorge, damit funktionieren die Rezepte auch.

GELATINE

Gelatineblätter in kaltem Wasser etwa 10 Minuten einweichen. Einen Teil der Flüssigkeit auf maximal 60 °C (es darf nicht dampfen) erwärmen. Gelatine gut ausdrücken und in der heißen Flüssigkeit unter Rühren auflösen, falls Klümpchen entstehen, nochmal kurz erwärmen. Die Mischung mit einem Teil der Füllung verrühren – um die Temperatur anzugleichen – danach die restliche Füllung unterheben.

KUVERTÜRE UND SCHOKOLADE

Sie werden oft synonym verwendet, aber: Kuvertüre hat einen höheren Kakaobutteranteil als Schokolade. Einige Schokoladensorten aus dem Süßwarenregal haben außerdem einen typischen Eigengeschmack. Für Kuchen und Gebäck lieber auf hochwertige Kuvertüre aus dem Backregal zurückgreifen.

MEHL

Fast die wichtigste Zutat, die Kuchen und Gebäck durch das Gluten die Konsistenz gibt, die wir mögen. Wenn „Mehl" im Rezept steht, verwendet ihr Weizenmehl Type 405 oder alternativ Dinkelmehl Type 630. Spezielle Mehlsorten sind angegeben.

VANILLE

Vanille ist sehr teuer. Im Supermarkt gibt es eine große Auswahl an Vanillepasten, Vanillearoma oder Vanilleextrakten. Ich nenne die Alternative zur Schote in den Rezepten „Vanillepaste", ihr könnt aber das benutzen, was ihr am liebsten mögt.

ZUCKER

Ich esse nicht gerne zu süße Kuchen. Deswegen sind die Rezepte in diesem Buch meiner Meinung nach nicht zu süß. Falls ihr aus Gewohnheit Zucker reduziert, macht es bei diesen Rezepten erstmal nicht.

SALZ – Die oft vergessene Zutat

Salz ist eine äußerst wichtige Zutat in jedem süßen Rezept! Ich benutze beim Backen Speisesalz oder sehr gerne „Fleur de Sel" – nicht zu verwechseln mit grobem Meersalz. Es besteht aus unterschiedlich großen Salzkristallen, die beim Backen nicht ganz die Konsistenz verlieren und auf der Zunge für kleine Überraschungen sorgen.

TIPP – Einfach vegan

Nicht alle Rezepte lassen sich automatisch durch Ersetzen der Zutaten vegan umwandeln. Falls das ohne Probleme möglich ist, ist das im Rezept notiert. Vegane oder einfach in vegane Varianten umwandelbare Rezepte sind außerdem mit **markiert.**

Basiswissen zum Variieren

TRAUT EUCH, KREATIV ZU SEIN

In der Zutatenliste stehen Haselnüsse, es sind aber nur noch Mandeln im Schrank? Probiert es einfach aus. Durch Kreativität und Mut sind schon die besten Rezepte entstanden. Dabei unbedingt notieren, was ihr anders gemacht habt, damit ihr beim nächsten Backen darauf zurückgreifen könnt. Um euch zum Variieren und Ausprobieren zu inspirieren, findet ihr im Buch verteilt zahlreiche Rezepte für immer wichtige Grundteige, Cremes und Glasuren, die sich gut kombinieren lassen.

UMRECHNEN AUF ANDERE FORMEN

Eure Springform hat nur 20 cm Durchmesser, im Rezept steht aber 26 cm? Oft lässt sich die Teigmenge einfach umrechnen. Manchmal ist das Ergebnis eine krumme Menge, z. B. 2,4 Eier. Dann einfach ab- oder aufrunden und mit etwas Flüssigkeit oder Mehl nachhelfen. Bei kleinen Abweichungen ist eine Änderung der Mengen oft überflüssig (z. B. von einer Springform 26 cm ø auf 28 cm ø) der Kuchen wird lediglich etwas höher bzw. flacher. Backzeiten müssen bei jeder Umrechnung verkürzt oder verlängert werden: Den Kuchen dazu im Auge behalten und die Stäbchenprobe (→ S. 10) anwenden.

- von 26 cm ø auf 20 cm ø → x 0,6
- von 20 cm ø auf 26 cm ø → x 1,3
- von 26 cm ø auf ein Backblech → x 2
- von 26 cm ø auf ein 12er-Muffinblech → x 1
- von 26 cm ø auf 30 cm Kastenform → x 0,8
- von 26 cm ø auf 25 cm Kastenform → x 0,7

OBST SAISONAL VARIIEREN

Erdbeeren im Winter müssen nicht sein. Warum auch? Jede Jahreszeit hat ihre besonderen Früchte:

- Frühling: Rhabarber, Erdbeeren
- Sommer: Aprikosen, Beeren, Kirschen, Pfirsiche, Nektarinen
- Herbst: Pflaumen, Zwetschgen, Birnen, Äpfel, Weintrauben, Kürbis
- Winter: Zitrusfrüchte (Orangen, Mandarinen, Blutorangen), Maracuja, Ananas, Birnen, Äpfel

GEWÜRZE

Gute Kombis, die ihr unbedingt versuchen solltet, sind Vollmilchschokolade und geriebene Muskatnuss, rosa Pfefferbeeren und weiße Schokolade oder Sternanis mit Birnen, roten Beeren oder Nektarinen. Außerdem spannend: Kardamom mit Kirschen, Orangen oder Zwetschgen. Lorbeer mit Orangen oder Aprikosen. Oder Tonkabohne, die mit ihrem Aroma, das an Rum oder Waldmeister erinnert, wie Vanille eingesetzt werden kann.

Lebkuchengewürz selber machen

Auch im Sommer verleiht es fein dosiert Gebäck und Kuchen Tiefe und zusätzliches Aroma.
Die Gewürze könnt ihr nach Geschmack kombinieren. Ich mag zum Beispiel: 5 Gewürznelken, Samen aus 7 Kardamomkapseln, 4 Sternanissterne, 10 g Zimtpulver, 4 Pimentkörner, 10 g Ingwerpulver, 5 g frisch geriebene Muskatnuss.
Die ganzen Gewürze in einer Pfanne ohne Fett leicht anrösten, bis sie duften. Abkühlen lassen und in einem Mörser oder Mixer sehr fein mahlen. Mit den gemahlenen Gewürze und der geriebenen Muskatnuss mischen.

Rührteig

Der Klassiker unter
den Kuchen –
der Rührteigkuchen.
So wandelbar und
immer passend. Kuchen
für immer!

Zitronenkuchen

Einer meiner Klassiker: Dieser Kuchen ist wirklich für immer. Die beiden Endstücke könnten ein bisschen sauer sein, denn die Tränke saugt sich durch den Teig. Die Mitte, das Herz des Kuchens, ist perfekt! Dieses Rezept gab es mal bei „Hier und heute" – die Zuschauer mochten den Kuchen sehr, ich hoffe, euch geht es genauso.

Für den Teig
200 g weiche Butter + Butter für die Form
130 g brauner Zucker
abgeriebene Schale von 3 Bio-Zitronen
3 Prisen Salz
4 zimmerwarme Eier
200 g Mehl + Mehl für die Form
50 g Speisestärke
10 g Backpulver
3 EL Milch

Für die Tränke
100–150 ml Zitronensaft
30 g brauner Zucker

Außerdem
1 x Grundrezept Zuckerguss → S. 30

Kastenform 25 x 11 x 7 cm

1. Für den Teig die weiche Butter mit Zucker, Zitronenschale und Salz schaumig aufschlagen. Die Eier nacheinander dazugeben und unterrühren.

2. Den Backofen auf 180 °C Umluft vorheizen. Die Form fetten und mehlieren. Mehl, Speisestärke und Backpulver mischen und mit dem Eier-Butter-Gemisch verrühren. Zuletzt die Milch unterrühren.

3. Den Teig in die Form füllen und im Ofen auf der mittleren Schiene etwa 15 Minuten backen. Den Ofen auf 160 °C herunterschalten und den Kuchen weitere 35 Minuten backen. Mit der Stäbchenprobe (→ S. 10) überprüfen, ob der Kuchen durchgebacken ist. Ansonsten die Backzeit etwas verlängern.

4. Für die Tränke inzwischen den Zitronensaft mit dem braunen Zucker in einem Topf erwärmen, bis sich der Zucker vollständig aufgelöst hat.

5. Den Kuchen aus dem Ofen nehmen und sofort in der Form mit dem warmen Zitronensaft beträufeln, bis die Flüssigkeit aufgebraucht ist. Den Kuchen anschließend etwa 30 Minuten abkühlen lassen, dann erst aus der Form lösen. Den Zitronenkuchen auf einem Kuchengitter komplett auskühlen lassen.

6. Für den Zuckerguss das Grundrezept wie auf Seite 30 beschrieben zubereiten. Sollte der Guss zu fest oder zu flüssig sein, vorsichtig etwas mehr Saft oder Puderzucker unterrühren, bis euch die Konsistenz gefällt. Den Guss am besten in zwei Schichten mithilfe eines Pinsels auftragen. Die erste Schicht auf den Kuchen streichen und trocknen lassen, danach die zweite auftragen.

Arbeitszeit: **25 Min.**
Backzeit: **50 Min.** | Abkühlzeit: **mind. 1 Std.**
Für **1 Kuchen mit 8–10 Stücken**

TIPP – Einfach variieren
Mohn und Zitrone – eine unschlagbare Kombination. Am Schluss 50 g Mohnsamen (gequetscht oder ganz) mit in den Teig rühren. Oder etwas Mohnfüllung von S. 85 wie bei einem Marmorkuchen mit in die Form schichten. Wer es noch fruchtiger mag, kann zum Schluss Aprikosenstücke, Kirschen oder Pfirsiche mit dem Teig mischen.

Eierlikörkuchen

Von einem auf den anderen Tag mochte ich Eierlikör. Pur trinken muss ich ihn nicht unbedingt, aber ein Leben ohne Eierlikör in Kombination mit Eis, Waffeln oder in Torten- und Kuchenform ist für mich unvorstellbar. Die Schokoladenstückchen und der Eierlikörguss machen diesen Kuchen perfekt.

Für den Teig
200 ml Öl + Öl für die Form
200 g Puderzucker
3 Prisen Salz
wer mag: abgeriebene Schale von ½ Bio-Orange
½ TL Zimtpulver
5 Eier
250 ml Eierlikör
300 g Mehl + Mehl für die Form
150 g gemahlene Mandeln oder Haselnüsse
15 g Backpulver
200 g dunkle Kuvertüre

Für die Glasur
1 x Grundrezept Eierlikör-Zuckerguss → S. 30
wer mag: etwas geschmolzene Kuvertüre und einige Zuckerperlen

Springform mit Rohrboden 26 cm ø

1. Die Form fetten und mehlieren. Den Backofen auf 180 °C Ober-/Unterhitze vorheizen.

2. Für den Teig Öl, Puderzucker, Salz, Orangenschale und Zimt etwa 1 Minute aufschlagen. Die Eier nacheinander dazugeben und jeweils etwa 1 Minute aufschlagen, bis sie sich mit dem Teig verbunden haben. Danach den Eierlikör dazugeben und unterrühren.

3. Mehl, gemahlene Mandeln oder Haselnüsse und das Backpulver in einer Schüssel gründlich vermischen. Die Kuvertüre grob hacken. Zuerst die Mehl-Nuss-Mischung unter die Eiermasse heben, dann die Kuvertüre.

4. Den Teig in die Form füllen und im Ofen auf der mittleren Schiene etwa 50 Minuten backen. Zwischendurch in den Ofen schauen, falls der Kuchen zu dunkel wird, die Temperatur etwas herunterschalten. Den Kuchen aus dem Ofen nehmen und komplett auskühlen lassen, bevor der Guss aufgetragen wird.

5. Für die Glasur den Guss nach dem Grundrezept zubereiten und am besten in zwei Schichten mithilfe eines Pinsels auftragen. Die erste Schicht auf den Kuchen streichen und trocknen lassen, danach die zweite auftragen. Wer mag, kann den Kuchen noch mit etwas geschmolzener Kuvertüre besprenkeln und mit Zuckerperlen verzieren.

Arbeitszeit: 25 Min.
Backzeit: 50 Min. | Abkühlzeit: mind. 1 Std.
Für 1 Kuchen mit 14–16 Stücken

Geburtstagstörtchen von Mama

Mit diesen Törtchen fing alles an! Jedes Jahr zum Geburtstag gab es diese Nusstörtchen! Als ich alt genug war, war dieses Rezept mein erster Backversuch. Unbedingt mit Schokoladenglasur, Gummitieren und Zuckerstreuseln garnieren, nur so schmecken sie wie bei meiner Mama!

Für den Teig
125 g weiche Butter
80 g Zucker
1 Prise Salz
3 Eier
75 g gemahlene Haselnüsse
75 g Paniermehl
10 g Backpulver

Für die Deko
1 x Grundrezept Schokoladenglasur → S. 31
Gummitiere oder -bärchen
bunte Zuckerstreusel

Muffinblech mit 12 Mulden,
12 Papierförmchen

1. Ein Muffinblech mit Papierförmchen auslegen und den Backofen auf 190 °C Umluft vorheizen.

2. Für den Teig Butter, Zucker und Salz schaumig aufschlagen. Dann die Eier nacheinander dazugeben und unterrühren.

3. Die gemahlenen Nüsse, das Paniermehl und das Backpulver in einer Schüssel kurz mischen und zu der Butter-Ei-Mischung geben. Alle Zutaten zügig zu einem glatten Teig verrühren.

4. Den Teig auf die Mulden verteilen und im Ofen auf der mittleren Schiene 17 bis 20 Minuten backen. Das Muffinblech herausnehmen und die Muffins vollständig darin auskühlen lassen.

5. Für die Deko die Schokoladenglasur nach dem Grundrezept zubereiten und mit einem Löffel auf den Törtchen verteilen. Mit Gummibärchen und Zuckerstreuseln nach Geschmack verzieren.

TIPP – Einfach variieren
Anstatt der gemahlenen Haselnüsse könnt ihr auch gemahlene Mandeln verwenden. Wer es noch schokoladiger mag: 70 g fein gehackte dunkle Kuvertüre mit in den Teig geben.

Arbeitszeit: 25 Min.
Backzeit: 20 Min. | Abkühlzeit: mind. 1 Std.
Für 12 Stück

Marmorkuchen

Der Klassiker unter den Rührteigkuchen, jedes Stück ein Unikat! Wer Rübensirup hat, kann damit den Schokoladenanteil im Kuchen verfeinern, ansonsten einfach durch Milch ersetzen. Ich bin mir nicht sicher, ob unbedingt Schokolade auf den Kuchen muss, pur oder mit Puderzucker ist er auch super! Die Schokoglasur findet ihr im Tipp.

Für den Teig
250 g weiche Butter + Butter für die Form
210 g Zucker
3 Prisen Salz
1 TL Vanillearoma
5 zimmerwarme Eier
250 g Mehl + Mehl für die Form
15 g Backpulver
90 ml Milch
70 g Kakaopulver
30 g Rübensirup + 40 ml Milch (alternativ einfach nur 60 ml Milch)

Wer mag
etwas Puderzucker zum Servieren

Springform mit Rohrboden 26 cm ø

1. Für den Teig die Form fetten und mehlieren. Den Backofen auf 180 °C Umluft vorheizen. Butter, Zucker, Salz und Vanillearoma schaumig schlagen. Anschließend die Eier einzeln unterschlagen.

2. Das Mehl mit Backpulver mischen und zu der Butter-Ei-Mischung geben. Kurz verrühren, dann die Milch untermischen. Den Teig in zwei Portionen teilen. Eine Hälfte des Teiges mit dem Kakaopulver und Rübensirup und Milch verrühren.

3. Zuerst den hellen Teig in die Form geben, anschließend den dunklen Teig darauf verteilen. Dann mit einer Gabel oder einem Schaschlikspieß die Teigschichten etwas vermischen. Teig glatt streichen und im Ofen auf der mittleren Schiene etwa 50 Minuten backen. Mit Stäbchenprobe (→ S. 10) überprüfen, ob der Kuchen durchgebacken ist.

4. Den Kuchen etwas abkühlen lassen, dann aus der Form lösen. Komplett auskühlen lassen.

TIPP – Schokoglasur
100 g dunkle Kuvertüre grob hacken und mit 25 g Butter in einer Schüssel über einem heißen Wasserbad schmelzen, dabei gelegentlich umrühren. Sobald sich beide Zutaten zu einer glatten Glasur verbunden haben, mit einem Pinsel auf den Kuchen streichen. Den Kuchen anschließend mindestens 1 Stunde an einen kühlen Ort stellen, damit die Glasur richtig fest wird.

Arbeitszeit: 25 Min.
Backzeit: 50 Min. | Abkühlzeit: mind. 1 Std.
Für 1 Kuchen mit ca. 14–16 Stücken

Rezepte für immer

Glasuren

Zuckerguss

Für ca. 185 g
150 g Puderzucker
35 ml Zitronensaft

1. Den Puderzucker mit dem Zitronensaft in einer Schüssel klümpchenfrei verrühren.

2. Falls der Guss zu flüssig ist, etwas Puderzucker zugeben. Falls er zu fest ist, etwas Zitronensaft zugeben. Der Guss sollte eher zäh sein, nicht zu flüssig.

3. Den Guss auf das abgekühlte Gebäck auftragen.

TIPP – Einfach variieren
Orangen- oder Limettensaft eignet sich auch zum Anrühren von Zuckerguss. Für farbigen Zuckerguss einige Tropfen Lebensmittelfarbe, Kakaopulver, Kurkuma, roten Fruchtsaft oder Matchapulver fein dosiert mit dazugeben.

Eierlikör-Zuckerguss

Für ca. 160 g
100 g Puderzucker
2–3 TL Eierlikör

1. Den Puderzucker mit dem Eierlikör in einer Schüssel klümpchenfrei verrühren.

2. Falls der Guss zu flüssig ist, etwas Puderzucker zugeben. Falls er zu fest ist, etwas Eierlikör zugeben. Der Guss sollte eher zäh sein, nicht zu flüssig.

3. Den Guss auf das abgekühlte Gebäck auftragen.

Glasuren verleihen extra Geschmack. Oft ist Zuckerguss zu flüssig und wird dadurch sehr dünn auf das Gebäck aufgetragen, das liegt an zu viel Zitronensaft. Aprikotur hält Früchte etwas länger frisch und verleiht Gebackenem einen schönen Glanz. Die Rezepturen reichen in der Regel für die einfache Rezeptmenge der Gebäcke.

Aprikotur

Für ca. 50 g
50 g Frucht-Gelee oder Konfitüre nach Wahl
20 ml Wasser

1. Das Gelee oder die Konfitüre mit dem Wasser in einem kleinen Topf verrühren, aufkochen und 30 bis 40 Sekunden einkochen lassen, sodass die Flüssigkeit verdampft.

2. Falls Stückchen in der Konfitüre sind, streicht ihr sie – wenn gewünscht – durch ein feines Sieb.

3. Die Aprikotur noch heiß auf das noch warme Gebäck pinseln. Aprikotur eignet sich auch hervorragend als Untergrund für Zuckerguss. Zum Aprikotieren lest bitte auch Seite 8.

Schokoladenglasur

Für ca. 120 g
100 g dunkle Kuvertüre
20 g Butter

1. Die Kuvertüre in grobe Stücke hacken und mit der Butter in einer Schüssel über einem heißen Wasserbad langsam zum Schmelzen bringen.

2. Vorsichtig umrühren, bis sich beide Zutaten verbunden haben.

3. Die Schokoladenglasur mit einem Pinsel oder einem Löffel auf das abgekühlte Gebäck auftragen und verstreichen.

TIPP – Einfach vegan
Die Butter in der Schokoladenglasur sorgt dafür, dass die Glasur nicht grau wird.
Mit veganer Margarine oder neutralem Pflanzenöl geht das genausogut, dann ist die Schokoladenglasur vegan.

Toppings

Frischkäsetopping

Für ca. 570 g
80 g Puderzucker
120 g weiche Butter
Mark von ½ Vanilleschote
2 Prisen Salz
370 g zimmerwarmer Frischkäse

1. Puderzucker und Butter in einer Schüssel mit einem Handrührgerät hell-schaumig aufschlagen. Vanillemark und Salz dazugeben.

2. Den Frischkäse Löffel für Löffel auf niedriger Stufe unter die Mischung rühren. Nicht zu lange Rühren, sonst gerinnt die Creme. Falls die Creme zu weich ist, bis zur Verwendung kalt stellen.

VARIANTE MIT BRAUNER BUTTER

1. Die Butter in einem kleinen Topf bei mittlerer Hitze schmelzen. Butter zum Kochen bringen und bei mittlerer Hitze köcheln lassen, bis kleine braune Brösel aufsteigen und die Butter nussig duftet.

2. Die Butter einmal umrühren. Dann mindestens 1 Stunde kalt stellen. Mit dem Handrührgerät aufschlagen und wie oben beschrieben weiter vorgehen.

Veganes Frischkäsetopping

Für ca. 300 g
100 g zimmerwarme vegane Margarine
150–180 g Puderzucker (nach gewünschter Süße)
Mark von ½ Vanilleschote · 2 Prisen Salz
150 g zimmerwarme vegane Frischkäsealternative

1. Margarine und Puderzucker in einer Schüssel mit einem Handrührgerät hell-schaumig aufschlagen. Vanillemark und Salz dazugeben.

2. Die Frischkäsealternative Löffel für Löffel auf niedriger Stufe unter die Mischung rühren. Nicht zu lange Rühren, sonst gerinnt die Creme. Falls die Creme zu weich ist, bis zur Verwendung kalt stellen.

Diese Toppings sind das perfekte „Obendrauf": Ob für Zimtschnecken, Cupcakes oder Möhrenkuchen – die Cremigkeit der Toppings in Verbindung mit dem jeweiligen Teig ist unwiderstehlich. Die Temperatur der Zutaten ist sehr wichtig, damit sie sich gut verbinden. Die Rezepte reichen in der Regel für die einfache Rezeptmenge.

Schokoladenganache

Für ca. 350 g
150 g dunkle Kuvertüre
200 g Sahne

1. Die Kuvertüre fein hacken und in eine hitzebeständige Schüssel geben. Die Sahne in einem Topf aufkochen.

2. Die Sahne über die Kuvertüre gießen und 1 Minute stehen lassen. Anschließend von der Mitte aus rühren, bis die Kuvertüre geschmolzen ist und sich mit der Sahne verbunden hat.

3. Die Mischung ist jetzt sehr flüssig, also bis zum Weiterverarbeiten abgedeckt in den Kühlschrank oder in das Tiefkühlfach stellen. Um die Ganache aufzudressieren, ist eine halbfeste Konsistenz ideal. Also am besten alle 10 Minuten die Konsistenz überprüfen.

4. Die halbfeste Ganache mithilfe eines Löffels oder Spritzbeutels auftragen.

TIPP – Einfach vegan
Eine Ganache geht auch mit veganer Sahnealternative und veganer Kuvertüre.

Ahornsiruptopping

Für ca. 570 g
120 g weiche Butter
40–60 g Puderzucker (nach gewünschter Süße)
40 g Ahornsirup
2 Prisen Salz · 370 g zimmerwarmer Frischkäse

1. Butter, Puderzucker und Ahornsirup in einer Schüssel mit einem Handrührgerät hell-schaumig aufschlagen. Salz dazugeben.

2. Den Frischkäse Löffel für Löffel auf niedriger Stufe unter die Mischung rühren. Nicht zu lange rühren, sonst gerinnt die Creme. Falls die Creme zu weich ist, bis zur Verwendung kalt stellen.

VARIATIONEN
- Die Frischkäsetoppings könnt ihr noch mit Orangen- oder Limettenschale verfeinern.
- In allen Rezepten ist etwas frisch geriebene Tonkabohne oder Muskatnuss eine gute Idee.

Möhrenkuchen

Dieser Möhrenkuchen ist saftig und knusprig zugleich, dafür sorgen die geraspelten Möhren und die gehackten Nüsse. Wer mag, kann auch Kürbis statt Möhre verwenden. Unbedingt mit etwas Gartenkresse probieren, passt geschmacklich optimal!

Für den Teig
125 g Haselnusskerne
125 g Walnusskerne
600 g Möhren (geraspelt gewogen, also etwas mehr)
475 g Mehl + Mehl für die Form
25 g Backpulver
5 Eier
300 ml Öl + Öl für die Form
250 g Zucker
125 g brauner Zucker
3 Prisen Salz
abgeriebene Schale von 1 Bio-Orange
2 TL Zimtpulver
¼ frisch geriebene Muskatnuss
1 TL Ingwerpulver

Für das Topping
1 x Grundrezept Frischkäsetopping → S. 32
wer mag: Kresse und gehackte Nüsse

Springform 26 cm ø oder 20 cm ø für einen höheren Kuchen

1. Für den Teig die Nüsse in einer Pfanne ohne Fett rösten, bis sie duften. Herausnehmen, etwas abkühlen lassen und grob hacken. Die Möhren putzen, schälen und grob raspeln. Die Form fetten und mehlieren. Den Backofen auf 190 °C Umluft vorheizen. Mehl und Backpulver mischen.

2. Eier, Öl, Zucker, Salz, Orangenabrieb und alle Gewürze aufschlagen. Das Mehl zur Eiermischung geben und nur kurz rühren, bis sich alle Zutaten verbunden haben. Dann die geraspelten Möhren und danach die Nüsse unterheben.

3. Den Teig in die Form füllen und im Ofen auf der mittleren Schiene 50 bis 60 Minuten backen. Mit der Stäbchenprobe (→ S. 10) prüfen, ob der Teig durchgebacken ist. Den Kuchen aus dem Ofen nehmen, kurz abkühlen lassen, dann auf ein Gitter stürzen und vollständig auskühlen lassen.

4. Für das Topping das Frischkäsetopping nach dem Grundrezept zubereiten. Den ausgekühlten Kuchen in der Mitte durchschneiden (→ S. 10) und mit der Hälfte des Toppings bestreichen. Die andere Hälfte auf die Oberseite des Kuchens streichen.

5. Wer möchte, garniert den Kuchen noch mit Gartenkresse, gehackten Nüssen und den Möhrenstreifen aus dem Tipp auf der rechten Seite.

Arbeitszeit: 75 Min.
Backzeit: 1 Std. | Abkühlzeit: mind. 4 Std.
Für 1 Kuchen mit ca. 12 Stücken

TIPP - Möhrenstreifen 1 große Möhre (orange, rot oder gelb) putzen, schälen und mit dem Sparschäler in lange Streifen schneiden. 50 g Zucker mit 150 ml Wasser aufkochen. Die Möhrenstreifen dazugeben und etwa 5–7 Minuten weich kochen. Bis zur Verwendung kalt stellen. Auf Küchenpapier abtropfen lassen und mit etwas Kresse auf dem Kuchen verteilen.

Rotweinkuchen von Mama

Wenn ich meine Familie im Sauerland besuche, wünsche ich mir meistens einen bestimmten Kuchen von Mama: den Rotweinkuchen. Auch wenn ich ihn genau nach Rezept und Anweisung backe, von ihr schmeckt er am besten!

Für den Teig
30 g Kakaopulver
300 g Mehl + Mehl für die Form
15 g Backpulver
150 g dunkle Kuvertüre
300 g weiche Butter + Butter für die Form
250 g Zucker
30 g Vanillezucker
1 ½ TL Zimtpulver
3 Prisen Salz
6 zimmerwarme Eier
125 ml Rotwein

Für den Guss
1 x Grundrezept Zuckerguss → S. 30

Springform mit Rohrboden 26 cm ø

1. Für den Teig Kakaopulver, Mehl und Backpulver mischen. Die Kuvertüre klein hacken. Den Backofen auf 180 °C Umluft vorheizen und die Form fetten und mehlieren.

2. Butter, Zucker, Vanillezucker, Zimt und Salz in einer großen Schüssel schaumig aufschlagen. Die Eier nacheinander unterrühren und jeweils kräftig aufschlagen.

3. Die Mehlmischung zur Butter-Eier-Mischung geben und nur kurz verrühren. Anschließend den Rotwein untermischen. Zum Schluss die gehackte Kuvertüre unterheben.

4. Den Teig in die Form füllen und im Ofen auf der mittleren Schiene etwa 50 Minuten backen. Falls der Kuchen zu dunkel wird, die Temperatur herunterschalten. Mit der Stäbchenprobe (→ S. 10) überprüfen, ob der Kuchen durchgebacken ist.

5. Den Kuchen aus dem Ofen nehmen, etwas auskühlen lassen, aus der Form lösen und auf einem Gitter vollständig auskühlen lassen.

6. Für den Guss den Zuckerguss nach dem Grundrezept zubereiten und in zwei Schichten mithilfe eines Pinsels auftragen. Die erste Schicht auf den Kuchen streichen und trocknen lassen, danach die zweite auftragen.

Arbeitszeit: 20 Min.
Backzeit: 50 Min. | Abkühlzeit: mind. 1 Std.
Für 1 Kuchen mit 14–16 Stücken

Rezepte für immer

Rührteige

Heller Rührteig

Für 1 Form mit 26 cm ø
250 g weiche Butter
180 g Zucker
5 zimmerwarme Eier
250 g Mehl
10 g Backpulver
3 Prisen Salz
50 ml Milch

1. Die Butter mit dem Zucker in einer Schüssel schaumig schlagen. Die Eier nacheinander dazugeben und jeweils 1 Minute kräftig aufschlagen.

2. Mehl mit Backpulver und Salz mischen, zur Eiermasse geben und alles kurz und zügig zu einem glatten Teig verrühren. Zuletzt die Milch unterrühren.

3. Den Teig in die gewünschte Form füllen und bei 180 °C Umluft je nach Größe der Form 25 bis 50 Minuten backen. Zur Sicherheit eine Stäbchenprobe (→ S. 10) machen.

Der Alleskönner unter den Kuchenteigen. Rührteige lassen sich einfach abwandeln und mit allem kombinieren, was euch schmeckt – in jeder erdenklichen Form. Butter und Eier sollten immer Zimmertemperatur haben, so können sich alle Zutaten schön verbinden.

Schokoladenrührteig

Für 1 Form mit 26 cm ø
250 g weiche Butter
180 g Zucker
5 zimmerwarme Eier
200 g Mehl
70 g Kakaopulver
10 g Backpulver
3 Prisen Salz
50 ml Milch

1. Die Butter mit dem Zucker in einer Schüssel schaumig schlagen. Die Eier nacheinander dazugeben und und jeweils 1 Minute kräftig aufschlagen.

2. Mehl, Kakaopulver, Backpulver und Salz mischen, zur Eiermasse geben und alles kurz und zügig zu einem glatten Teig verrühren. Zuletzt die Milch unterrühren.

3. Den Teig in die gewünschte Form füllen und bei 180 °C Umluft je nach Größe der Form 25 bis 50 Minuten backen. Zur Sicherheit eine Stäbchenprobe (→ S. 10) machen.

KOMBINATIONEN

Der Basisteig lässt sich sehr gut aromatisieren. Das sind meine Lieblings-Kombinationen:

- heller Rührteig, belegt mit einer Mischung aus Zimt, Äpfeln oder Zwetschgen, obendrauf klassische Streusel (→ S. 42) mit 1 TL Zimt extra
- heller Rührteig, belegt mit einer Mischung aus Zitronenschale und Pfirsichen, obendrauf Marzipanstreusel (→ S. 43)
- heller Rührteig, belegt mit einer Mischung aus abgeriebener Tonkabohne und Banane, obendrauf Streusel mit brauner Butter (→ S. 42)
- heller Rührteig, belegt mit einer Mischung aus Zitronenschale und Aprikosen, obendrauf Lavendelstreusel (→ Tipp S. 43)
- Schokoladenrührteig, belegt mit Kirschen, obendrauf Schokoladenstreusel (→ S. 43)

Limonadentörtchen

Diese Törtchen gehen auf jeden Fall nicht nur zum Kindergeburtstag. Dosenmandarinen, Schmandcreme, fluffiger Teig und die knusprige Zimt-Zucker-Schicht … die Kombination kann sich auch an jedem anderen Tag sehen lassen.

Für den Teig
130 g Zucker
70 ml Öl
2 Eier
2 Prisen Salz
150 ml Orangenlimonade
250 g Mehl
10 g Backpulver
1 Dose Mandarinen (175 g Abtropfgewicht)

Für die Creme
200 g kalte Sahne
etwa 30 g Vanillezucker
2 Päckchen Sahnesteif
200 g Schmand
etwas Zimt-Zucker

Muffinblech mit 12 Mulden · 12 Papierförmchen
optional Spritzbeutel

1. Für den Teig die Mulden des Muffinblechs mit Papierförmchen auslegen. Den Backofen auf 180 °C Umluft vorheizen.

2. Zucker, Öl, Eier und Salz in einer Rührschüssel schön schaumig aufschlagen. Die Orangenlimonade dazugeben und weiterrühren, bis sich alle Zutaten zu einer glatten Masse verbunden haben.

3. Das Mehl mit dem Backpulver mischen und kurz unter die Eiermischung rühren.

4. Mandarinen abtropfen lassen. Den Teig auf die Muffinmulden verteilen, in jede Portion 1 bis 2 Mandarinenstücke drücken. Die Törtchen im Ofen auf der mittleren Schiene 15 bis 17 Minuten backen. Dabei mit der Stäbchenprobe (→ S. 10) überprüfen, ob der Teig durchgebacken ist. Die fertig gebackenen Törtchen kurz in der Form ausdampfen lassen, dann aus der Form nehmen und auf einem Kuchengitter vollständig auskühlen lassen.

5. Für die Creme die kalte Sahne steif schlagen. Vanillezucker und Sahnesteif mischen und während des Schlagens in die Sahne einrieseln lassen.

6. Den Schmand glatt rühren und die Sahne unterheben. Die Creme nach Geschmack noch etwas nachsüßen. Wer mag, gibt außerdem noch ein kleines Schlückchen Orangenlimonade in die Creme.

7. Die Schmandcreme mit einem Spritzbeutel oder Esslöffel auf den komplett ausgekühlten Törtchen verteilen. Mit etwas Zimt-Zucker bestreuen und mit den übrigen Mandarinen belegen. Die Törtchen vor dem Servieren etwa 1 Stunde kalt stellen.

Arbeitszeit: 30 Min.
Backzeit: 17 Min. | Abkühlzeit: mind. 2 Std.
Für 12 Stück

Rezepte für immer

Streusel

Klassische Streusel

Für ca. 310 g
80 g Zucker
80 g kalte Butter, in Würfeln
3 Prisen Salz
1 Prise Zimtpulver
150 g Mehl

1. Zucker, Butter, Salz und Zimt zügig mit den Händen verkneten. Das Mehl dazugeben und alle Zutaten mit den Händen zu Streuseln verkneten.

2. Damit die Streusel nicht zerlaufen, müssen sie mindestens 1 Stunde kalt gestellen werden. Ungebackene Streusel lassen sich bis zu 4 Wochen einfrieren und bei Bedarf backen.

MIT BRAUNER BUTTER

Dafür die Butter (geht nicht mit Margarine!) in einem kleinen Topf bei mittlerer Hitze schmelzen. Butter zum Kochen bringen und bei mittlerer Hitze köcheln lassen, bis kleine braune Brösel aufsteigen und die Butter nussig duftet. Umrühren. Die Butter mindestens 1 Stunde kalt stellen, aufschlagen und wie oben beschrieben für Streusel verwenden.

TIPP – Einfach vegan
Für vegane Streusel einfach die Butter durch vegane Margarine ersetzen.

Haferflockenstreusel

Für ca. 320 g
80 g brauner Zucker
80 g kalte Butter, in Würfeln
3 Prisen Salz
2 Prisen Zimtpulver
80 g Mehl
80 g grob- oder feinblättrige Haferflocken
wer mag: abgeriebene Schale von ½ Bio-Orange
wer mag: 40 g Trockenfrüchte, fein gehackt

1. Zucker, Butter, Salz und Zimt zügig mit den Händen verkneten. Mehl und Haferflocken zugeben und mit den Händen zu Streuseln verkneten.

2. Wer mag, gibt Orangenschale oder gehackte Trockenfrüchte dazu. Damit die Streusel nicht zerlaufen, müssen sie mindestens 1 Stunde kalt gestellen werden. Ungebackene Streusel lassen sich bis zu 4 Wochen einfrieren und bei Bedarf backen.

Ob dicke Streusel oder feine Krümel, das ist Geschmackssache. Aber dass Streusel eine leckere Angelegenheit sind, ist nicht zu widerlegen. Diese Rezepturen eröffnen viele Möglichkeiten, aus klassischen Streuselkuchen ganz neue Variationen zu kreieren. Sie reichen in der Regel für die einfache Rezeptmenge der Gebäcke.

Schokoladenstreusel

Für ca. 320 g
80 g Zucker
80 g kalte Butter, in Würfeln
4 Prisen Salz
2 Prisen Zimtpulver
100 g Mehl
60 g Kakaopulver
wer mag: 50 g dunkle Kuvertüre, gehackt

1. Zucker, Butter, Salz und Zimt zügig mit den Händen verkneten. Mehl und Kakaopulver zugeben und alle Zutaten mit den Händen zu Streuseln verkneten. Wer mag, gibt die Kuvertüre dazu.

2. Damit die Streusel nicht zerlaufen, müssen sie mindestens 1 Stunde kalt gestellen werden. Ungebackene Streusel lassen sich bis zu 4 Wochen einfrieren und bei Bedarf backen.

Marzipanstreusel

Für ca. 280 g
60 g weiche Butter
60 g Marzipanrohmasse
40 g Zucker
3 Prisen Salz
120 g Mehl

1. Butter, Marzipan, Zucker und Salz mit den Händen verkneten. Das Mehl dazugeben und alle Zutaten mit den Händen zu Streuseln verkneten.

2. Damit die Streusel nicht zerlaufen, müssen sie mindestens 1 Stunde kalt gestellen werden. Ungebackene Streusel lassen sich bis zu 4 Wochen einfrieren und bei Bedarf backen.

KLASSISCHE STREUSEL MIT KRÄUTERN

Dafür 2 bis 3 Blätter oder Blüten ohne Stiele von Kräutern wie Lavendel, Rosmarin, Estragon oder Thymian abzupfen und mit einem Teil des Mehls in einem Mixer fein zermahlen. Die Streusel nach Rezept mit diesem Kräutermehl zubereiten.

Bananenbrot

Die perfekte Möglichkeit, überreife Bananen aufzubrauchen. Es gibt unendlich viele Variationen von Bananenbrot, etwa mit Nüssen oder mit Schokolade. Oder auch ganz anders. Ich mag diese am liebsten. Die Banane steht im Mittelpunkt, so wie sie es verdient hat. Natürlich könnt ihr geröstete Walnüsse und Schokolade dazugeben.

6 sehr reife Bananen
150 ml Öl + Öl für die Form
120 g brauner Zucker
20 g Vanillezucker
2 Eier
75 g Joghurt
1 EL Rum oder einige Tropfen Rumaroma
3 Prisen Salz
210 g Mehl + Mehl für die Form
5 g Backpulver
5 g Natron

Kastenform 25 x 11 x 7 cm

1. Den Backofen auf 180 °C Umluft vorheizen. Die Kastenform fetten und mehlieren.

2. Zunächst 5 Bananen schälen und mit einer Gabel zerdrücken. Öl, Zucker, Vanillezucker, Eier, Joghurt, Rum und Salz mit einem Handrührgerät oder einer Küchenmaschine gründlich vermischen. Anschließend die zerdrückten Bananen unterrühren.

3. Das Mehl mit Backpulver und Natron vermischen. Diese trockene Mischung zu der Bananen-Eier-Mischung geben und mit möglichst wenig Rühren (etwa 30 Sekunden) mit den anderen Zutaten vermengen.

4. Den Teig in die Form geben. Die übrige Banane schälen, der Länge nach halbieren und die Hälften mit der Schnittfläche nach oben auf den Teig legen.

5. Das Bananenbrot im Ofen auf der mittleren Schiene etwa 50 Minuten backen. Je nach Bräunung die Temperatur etwas herunterschalten. Mit der Stäbchenprobe (→ S. 10) prüfen, ob das Bananenbrot durchgebacken ist.

6. Das Bananenbrot aus dem Ofen nehmen, etwa 30 Minuten abkühlen lassen, dann aus der Form lösen und auf einem Kuchengitter vollständig auskühlen lassen.

TIPP – Kuchen auf Vorrat
Luftdicht verpackt lässt sich das Bananenbrot bis zu 8 Wochen hervorragend einfrieren.

Arbeitszeit: 25 Min.
Backzeit: 50 Min. | Abkühlzeit: mind. 30 Min.
Für 1 Kuchen mit ca. 10 Stücken

Schokoladen-Orangen-Torte

Eigentlich finde ich die Kombination Orange und Schokolade kritisch. Nicht in dieser veganen Torte. Manche sagen, sie schmecke wie eine Schnitte mit Milch aus dem Kühlregal – nur besser. Die Torte erfordert etwas Geschick – sie ist es aber wert.

Für den Teig
450 g Mehl + Mehl für die Form
20 g Backpulver
40 g Kakaopulver
240 g Zucker
½ TL Zimtpulver
10 g Salz
abgeriebene Schale von ½ Bio-Orange
480 ml Wasser mit Kohlensäure
120 ml Öl

Für die Füllung
360 g Grundrezept vegane Vanillecreme, zimmerwarm → S. 64 (= 1 x, restliche Creme anderweitig verwenden)
180 g zimmerwarme vegane Margarine

Für die Ganache
200 g vegane dunkle Kuvertüre
100 ml Sojadrink
50 g vegane Margarine

Außerdem
vegane Margarine für die Form
abgeriebene Schale von 1 Bio-Orange

Springform mit 20 cm ø
Backpapier

1. Den Backofen auf 170 °C Umluft vorheizen. Die Form mit Margarine fetten und mehlieren. Den Boden der Form mit Backpapier bespannen.

2. **Für den Teig** alle trockenen Zutaten und die Orangenschale in einer Schüssel mit einem Schneebesen vermischen. Das Wasser dazugeben und alles klümpchenfrei verrühren. Danach das Öl einlaufen lassen und alles zu einem glatten Teig verrühren. Den Teig in die Form füllen und im Ofen auf der mittleren Schiene etwa 1 Stunde backen. Mit der Stäbchenprobe (→ S. 10) prüfen, ob der Kuchen durchgebacken ist. Herausnehmen und in der Form komplett auskühlen lassen.

3. **Für die Füllung** die vegane Vanillecreme nach dem Grundrezept zubereiten und 360 g abwiegen. Die Creme komplett auskühlen lassen.

4. Den Kuchen aus der Form lösen und bei Bedarf den Boden gerade schneiden (→ S. 10). Den Kuchen zweimal horizontal durchschneiden, sodass drei gleich dicke Scheiben entstehen. Den Ring sauber machen.

5. Für die Creme die weiche Margarine aufschlagen, die vegane Creme mit einem Schneebesen glatt rühren und nach und nach unter die Margarine rühren.

6. **Zum Zusammensetzen** der Torte einen Teigboden in den Ring legen und mit 180 g Creme bestreichen. Einen weiteren Boden darauflegen und ebenfalls 180 g Creme daraufstreichen. Den dritten Boden auflegen und etwas andrücken. Die Torte mind. 1 Stunde in den Kühlschrank stellen.

7. Die Torte aus dem Ring lösen (→ S. 10) und rundum mit der restlichen Creme einstreichen. Nochmals 30 Minuten kalt stellen.

8. **Für die Ganache** die Kuvertüre klein hacken und in eine hitzebeständige Schüssel geben. Sojadrink und Margarine in einem Topf aufkochen, über die Schokolade gießen. 1 Minute warten. Anschließend von der Mitte aus rühren, bis die Kuvertüre geschmolzen ist und eine glatte, glänzende Ganache entstanden ist.

9. Die Torte mit einer Schicht Ganache einstreichen. Eventuell nochmal kurz kalt stellen und danach eine weitere Schicht Ganache auftragen und verstreichen. Bis zum Verzehr weiter kalt stellen. Zum Servieren mit Orangenschale garnieren.

Arbeitszeit: 1 ½ Std.
Backzeit: 1 Std. | Abkühlzeit: mind. 4 Std.
Für 1 kleine Torte mit 8–10 Stücken

Mango-Kokos-Torte

Die Schlichtheit dieser Torte beschreibt keinesfalls den Geschmack, der ist nämlich beeindruckend! Ich empfehle, die Torte einen Tag vorher zuzubereiten, so stressen euch die Abkühlzeiten nicht, die sind nämlich unbedingt notwendig!

Für den Teig
150 g Zucker
80 g Kokosraspel
440 g Mehl + Mehl für die Form
15 g Backpulver
5 g Salz
abgeriebene Schale von ½ Bio-Limette
330 g Mangomark
100 ml Wasser mit Kohlensäure
130 ml Öl + Öl für die Form

Für die Füllung
500 ml Kokosdrink
60 g Zucker
2 Prisen Salz
Mark von ½ Vanilleschote oder 1 TL Vanillepaste
Schale von ½ Bio-Limette, in großen Zesten
50 g Speisestärke
150 g zimmerwarme vegane Margarine

Außerdem
140 g Mango- oder Mango-Apfel-Mark
80 g Kokosraspel
wer mag: exotische Früchte zum Garnieren

Springform mit 20 cm ø
Backpapier

1. Den Backofen auf 180 °C Umluft vorheizen. Die Form mit Öl fetten und mehlieren. Den Boden der Form mit Backpapier bespannen.

2. Für den Teig alle trockenen Zutaten in eine Schüssel geben und mit einem Schneebesen vermischen. Limettenschale, Mangomark, Wasser und Öl dazugeben und alles mit einem Schneebesen etwa 2 Minuten klümpchenfrei verrühren.

3. Den Teig in die Form füllen und im Ofen auf der mittleren Schiene 50 bis 60 Minuten backen. Mit der Stäbchenprobe (→ S. 10) überprüfen, ob der Teig durchgebacken ist. Herausnehmen und in der Form vollständig auskühlen lassen.

4. Für die Füllung inzwischen 450 ml Kokosdrink, Zucker, Salz, Vanille und Limettenschale in einem Topf aufkochen. Die übrigen 50 ml Kokosdrink mit der Speisestärke glatt rühren und unter Rühren in die kochende Flüssigkeit einlaufen lassen. 1 Minute unter Rühren köcheln lassen, bis die Mischung eindickt. Die Kokoscreme in eine Schüssel füllen und mit Frischhaltefolie auf der Oberfläche abdecken. Zimmerwarm abkühlen lassen.

5. Den komplett ausgekühlten Boden aus der Form lösen und zweimal horizontal durchschneiden (→ S. 10). Den Ring sauber machen.

6. Für die Füllung die Margarine schaumig aufschlagen. Limettenschale und ggf. Vanilleschote aus der Kokoscreme entfernen, die Creme mit einem Schneebesen glatt rühren. 610 g abwiegen und nach und nach unter die Margarine rühren, bis sich alles zu einer glatten Masse verbunden hat.

7. Zum Zusammensetzen der Torte den ersten Tortenboden in den Ring legen und 70 g Mango- oder Mango-Apfel-Mark darauf verstreichen. 240 g Creme ebenfalls auf dem Boden verstreichen. Den zweiten Boden darauflegen und ebenfalls mit 70 g Fruchtmark und 240 g von der Creme bestreichen. Die Torte mindestens 1 Stunde kalt stellen.

8. Die Torte aus dem Ring lösen (→ S. 10) und mit der restlichen Creme rundum einstreichen. Die Kokosraspel auf der gesamten Torte verteilen. Wer mag, garniert die Torte noch mit exotischen Früchten wie Maracuja, Physalis, Mango oder Ananas.

Arbeitszeit: 1½ Std.
Backzeit: 1 Std. | Abkühlzeitzeit: mind. 4 Std.
Für 1 kleine Torte mit 8–10 Stücken

Baiser-Mandel-Torte

Die Torte besteht aus zwei Böden aus Rührteig, Baiser und Mandeln, dazu eingekochten Stachelbeeren und geschlagener Sahne. Sie schmeckt übrigens auch mit Rhabarber, Johannis- oder Jostabeeren. Hauptsache sauer.

Für die Stachelbeeren
1 Glas Stachelbeeren (Abtropfgewicht 360 g)
30 g Speisestärke

Für den Teig
150 g Mehl + Mehl für die Form
1 TL Backpulver
150 g weiche Butter + Butter für die Form
80 g Zucker
3 Prisen Salz
4 Eigelb
150 ml Milch

Für das Baiser
4 Eiweiß
1 Prise Salz
100 g Zucker
100 g Mandelblättchen

Für die Sahneschicht
3 Päckchen Sahnesteif
40 g Vanillezucker
400 g kalte Sahne

Außerdem
etwas Puderzucker

1 oder 2 Springformen mit 26 cm ø

1. Für die Stachelbeeren die Stachelbeeren abgießen und die Flüssigkeit auffangen. Die Speisestärke mit 80 ml der Flüssigkeit klümpchenfrei verrühren. Die restliche Flüssigkeit in einem kleinen Topf aufkochen. Die Stärkemischung unter Rühren einlaufen und etwa 1 Minute köcheln lassen, bis sie andickt. Die Mischung vom Herd nehmen und die Stachelbeeren vorsichtig unterheben. Abkühlen lassen.

2. Für den Teig den Backofen auf 180 °C Umluft vorheizen. Falls vorhanden 2 Springformen mit Butter fetten und mehlieren, ansonsten die Böden einfach nacheinander backen. Das Mehl mit dem Backpulver mischen. In einer Rührschüssel die Butter mit Zucker, Vanillezucker und Salz schaumig schlagen. Dann die Eigelbe nacheinander dazugeben und jeweils 1 Minute kräftig aufschlagen. Anschließend das Mehl abwechselnd mit der Milch vorsichtig unterheben.

3. Für das Baiser die Eiweiße mit dem Salz zu einem steifen Schnee aufschlagen, dabei den Zucker einrieseln lassen.

4. Den Teig gleichmäßig auf beide Formen verteilen (oder nacheinander backen). Baiser gleichmäßig auf beide Teige verteilen. Zuletzt jeden Boden mit je 50 g Mandelblättchen bestreuen.

5. Die Böden entweder gleichzeitig oder nacheinander im Ofen 13 bis 17 Minuten backen. Nachdem die Mandeln gebräunt und die Böden durchgebacken sind, den Ofen ausschalten und die Böden im Ofen komplett auskühlen lassen. Die Ofentür dabei einen Spalt öffnen (z.B. Handtuch einklemmen). Wenn die Böden nacheinander gebacken werden, entfällt das Auskühlen im Ofen.

6. Für die Sahneschicht Sahnesteif mit Vanillezucker mischen. Die Sahne steif schlagen, während des Schlagens die Zuckermischung einrieseln lassen.

7. Zum Zusammensetzen der Torte einen Boden mit der Baiserseite nach oben auf eine Platte legen. Die Stachelbeeren gleichmäßig auf dem Boden verteilen, dann die Sahne daraufgeben und glatt streichen. Zuletzt den zweiten Boden mit der Baiserseite nach oben daraufsetzen.

8. Die Torte bis zum Servieren im Kühlschrank kalt stellen. Erst direkt vor dem Servieren mit etwas Puderzucker verzieren.

Arbeitszeit: 45 Min.
Backzeit: 30 Min. | Abkühlzeit: mind. 2 Std.
Für 1 Torte mit 12–14 Stücken

Donauwellen

Rührteig in Schwarz-Weiß-Optik, versunkene Kirschen, Buttercreme und Schokolade – die typische Donauwellenkombination. Ich mag sie als Flussecken, geht natürlich auch in klassischer Rechteck-Form, am Geschmack ändert sich dadurch nichts.

Für die Buttercreme
1 x Grundrezept Vanillecreme → S. 64
200 g zimmerwarme Butter

Für den Teig
400 g Mehl
2 TL Backpulver
300 g zimmerwarme Butter
200 g Zucker
3 Prisen Salz
1 TL Vanillearoma
5 zimmerwarme Eier
70 ml Milch
30 g Kakaopulver
1 Glas Kirschen (350 g Abtropfgewicht)

Für die Ganache
130 g dunkle Kuvertüre
200 g Sahne

Backblech · Backpapier
Spritzbeutel mit kleiner Lochtülle

1. Für die Buttercreme die Vanillecreme nach dem Grundrezept herstellen und abkühlen lassen.

2. Für den Teig ein Backblech mit Backpapier auslegen. Mehl und Backpulver mischen. Den Backofen auf 180 °C Ober-/Unterhitze vorheizen. Butter, Zucker, Salz und Vanille schaumig schlagen. Die Eier nacheinander dazugeben und jeweils 1 Minute kräftig aufschlagen. Zuletzt das Mehl und die Hälfte der Milch vorsichtig unterrühren.

3. Etwa die Hälfte des Teiges auf dem Backblech verteilen und glatt streichen. Den restlichen Teig mit dem Kakao und der übrigen Milch verrühren. Den Schokoladenteig anschließend auf dem hellen Teig verteilen und glatt streichen. Die Kirschen auf dem Teig verteilen und etwas eindrücken. Den Kuchen im Ofen auf der mittleren Schiene etwa 40 Minuten backen. Herausnehmen und vollständig auf dem Blech auskühlen lassen.

4. Für die Buttercreme die Butter aufschlagen. Die Vanillecreme glatt rühren und unter ständigem Schlagen portionsweise zur Butter geben. Die Buttercreme auf dem Kuchen verteilen und glatt streichen. Etwa 1 Stunde kalt stellen, damit die Creme etwas fester wird.

5. Für die Ganache die Kuvertüre fein hacken und in eine hitzebeständige Schüssel füllen. Die Sahne aufkochen und über die Kuvertüre gießen. Etwa 1 Minute warten, bis die Kuvertüre in der heißen Sahne schon etwas schmilzt. Dann aus der Mitte heraus vorsichtig mit einem Gummischaber nach außen rühren, bis die Kuvertüre geschmolzen ist und sich mit der Sahne verbunden hat. Nicht zu viel rühren, damit keine Luft in die Mischung kommt.

6. Die Ganache abgedeckt im Kühlschrank etwas fest werden lassen. Den Kuchen mit einem in heißes Wasser getunktes Messer in Dreiecke schneiden. Nach jedem Schnitt das Messer mit Küchenpapier sauber machen.

7. Zum Fertigstellen die Ganache in einen Spritzbeutel mit kleiner Lochtülle füllen und wellenförmig auf die Donauwellen spritzen.

TIPP – Noch einfacher
Falls ihr es einfacher mögt, die Ganache ohne „Zwischenstopp" im Kühlschrank auf dem ungeschnittenen Kuchen verteilen und glatt streichen. Die Ganache halbfest werden lassen, dann Ecken schneiden wie in Schritt 6 beschrieben.

Arbeitszeit: 75 Min.
Backzeit: 40 Min. | Abkühlzeit: mind. 4 Std.
Für 1 Blech mit ca. 24 Stücken

Mürbeteig

Zart-knusprige Böden
bilden die perfekte
Umrandung für ganz
unterschiedliche Füllungen.

Mürbeteige

Klassischer Mürbeteig

Für 26 cm ø oder 21 x 21 cm
50 g Puderzucker
100 g kalte Butter, in Würfeln
3 Prisen Salz
1 Ei
200 g Mehl

1. Puderzucker, Butterwürfel und Salz in einer Schüssel oder auf der Arbeitsfläche zügig mit den Händen verkneten. Das Ei und das Mehl dazugeben und alles zügig zu einem Teig verkneten. Nicht zu lange kneten, eher zusammendrücken.

2. Den Teig flach und rund oder eckig formen und in Frischhaltefolie wickeln. Mindestens 30 Minuten, besser 2 Stunden, kalt stellen. Anschließend nach Rezept oder Wunsch weiterverarbeiten.

TIPP – Reste
Je nachdem, wie dick Mürbeteig ausgerollt wird (0,5 bis 0,7 cm), bleibt etwas Teig übrig. Diesen einfach zu Streuseln verbacken.

Schokoladenmürbeteig

Für 26 cm ø oder 21 x 21 cm
60 g Puderzucker
100 g kalte Butter, in Würfeln
3 Prisen Salz
1 Ei
180 g Mehl
60 g Kakaopulver
5 g Backpulver

1. Puderzucker, Butterwürfel und Salz in einer Schüssel oder auf der Arbeitsfläche zügig mit den Händen verkneten. Das Ei dazugeben. Das Mehl mit Kakao und Backpulver vermischen und dazugeben. Alle Zutaten zügig zu einem Teig verkneten. Nicht zu lange kneten, eher zusammendrücken.

2. Den Teig flach und rund oder eckig formen und in Frischhaltefolie wickeln. Mindestens 30 Minuten, besser 2 Stunden, kalt stellen. Anschließend nach Rezept oder Wunsch weiterverarbeiten.

Bei diesen Teigen kalte Butter verwenden und nicht lange kneten, sondern die Zutaten eher zusammendrücken. Den Teig beim Ausrollen immer wieder auf der bemehlten Arbeitsfläche bewegen und drehen. Falls er zu warm oder zu klebrig wird, besser alles zügig zusammendrücken, einige Minuten kalt stellen und nochmal ausrollen.

Veganer Mürbeteig

Für 26 cm ø oder 21 x 21 cm
50 g Puderzucker
100 g kalte vegane Margarine, in Würfeln
3 Prisen Salz
30 ml Pflanzendrink
200 g Mehl
5 g Backpulver

1. Puderzucker, Margarinewürfel und Salz in einer Schüssel oder auf der Arbeitsfläche zügig mit den Händen verkneten. Den Pflanzendrink dazugeben. Das Mehl mit dem Backpulver vermischen und dazugeben. Alle Zutaten zügig zu einem Teig verkneten. Nicht zu lange kneten, eher zusammendrücken.

2. Den Teig flach und rund oder eckig formen und in Frischhaltefolie wickeln. Mindestens 30 Minuten, besser 2 Stunden, kalt stellen. Anschließend nach Rezept oder Wunsch weiterverarbeiten.

VARIATIONEN

Mürbeteig könnt ihr nach Herzenslust aromatisieren. Kräuter oder Gewürze machen sich hervorragend im Mürbeteig:

- Gewürze: beispielsweise Vanille, Zimtpulver, Lebkuchengewürz, Ingwer, Muskatnussabrieb, Tonkabohnenabrieb, gemahlener schwarzer Pfeffer, langer Pfeffer, Sternanis, Nelken, Anis
- Kräuter: Dafür 2 bis 3 Blätter oder Blüten ohne Stiele von Kräutern wie Lavendel, Rosmarin, Estragon oder Thymian abzupfen und mit einem Teil des Mehls in einem Mixer fein zermahlen.

TIPP – Blindbacken

Das Blindbacken, also das Vorbacken des Mürbeteiges ohne Füllung, sorgt dafür, dass die Teigböden schön knusprig werden. Trockene Hülsenfrüchte als „Füllung" sorgen dafür, dass die Teighülle in Form bleibt. Und so wird es gemacht:
Den Ofen auf 190 °C Ober-/Unterhitze vorheizen. Den Teig in der Form mit Backpapier bedecken und mit trockenen Hülsenfrüchten auffüllen. Im Ofen etwa 15 Minuten auf der mittleren Schiene backen. Nach dem ersten Backen – wenn gewünscht – den überstehenden Teigrand mit einem Messer abschneiden. Backpapier und Hülsenfrüchten entfernen und den Teig etwa weitere 7 Minuten backen.

Apfelkuchen

Ganz zu Recht auf dem Cover abgebildet!
Dieser Kuchen erfordert etwas Hingabe, aber es lohnt sich.

Für den Boden
2 x Grundrezept klassischer oder veganer Mürbeteig → S. 56 & 57

Für die Füllung
1,5 kg Äpfel (z.B. Boskoop, Welland, Gala, Jonagold)
150 g Zucker · 400 ml Apfelsaft
50 g Speisestärke
Mark von 1 Vanilleschote oder 2 TL Vanillepaste
2 TL Zimtpulver
wer mag: 50–100 g Rosinen oder Cranberrys
40 g Paniermehl

Außerdem
Mehl für die Arbeitsfläche
100 g Puderzucker · 1–2 EL Zitronensaft
50 g geröstete Mandelblättchen

Springform 26 cm ø · Backpapier

1. **Für den Boden** den klassischen oder veganen Mürbeteig nach Grundrezept vorbereiten.

2. **Für die Füllung** die Kerngehäuse der Äpfel mit einem Apfelentkerner ausstechen und die Äpfel schälen. Falls ihr keinen Ausstecher habt, Äpfel schälen, vierteln und entkernen. Geschälte Äpfel oder Apfelviertel in sehr dünne Scheiben schneiden, am besten mit einer Mandoline.

3. Den Zucker mit etwa 50 ml Wasser in einen kleinen Topf geben. Bei mittlerer Hitze schmelzen und goldbraun karamellisieren. Dabei nicht rühren, sondern den Topf schwenken. Den Karamell mit 350 ml Apfelsaft ablöschen, den Saft aufkochen, sodass sich der Karamell löst.

4. Stärke mit 50 ml Apfelsaft glatt rühren und zur Karamell-Mischung geben. Aufkochen und etwa 40 Sekunden unter Rühren kochen. Vanillemark oder -paste und Zimt hinzufügen. Wer mag, gibt Rosinen oder Cranberrys dazu. Die heiße Masse über die Apfelscheiben geben und alles gut mischen.

5. Die Springform mit Backpapier bespannen und den Backofen auf 180 °C Umluft vorheizen. Für den Boden den gekühlten Teig in drei gleich große Portionen aufteilen. Zwei Portionen mit Folie abdecken und kalt stellen. 1 Portion auf einer bemehlten Arbeitsfläche rund ausrollen, mit der Springform ausstechen und den Teigkreis auf ein mit Backpapier belegtes Backblech legen. Mehrmals mit einer Gabel in den Teig stechen. Im Ofen etwa 15 Minuten vorbacken, bis er goldbraun ist.

6. Die zweite Teigportion für den Rand zu etwa 4 cm breiten langen Streifen ausrollen. Die dritte Teigportion ausrollen und mit der Springform rund ausstechen. Für ein Gitter in Streifen schneiden. (Wer mag, sticht Kreise oder Herzen aus).

7. Den vorgebackenen Boden aus dem Ofen nehmen, kurz abkühlen lassen. Auf den Boden der Springform legen und den Ring der Form befestigen. Den Rand mit dem langen Teigstreifen auskleiden, dabei gut an den Boden andrücken, sodass es keine Löcher gibt. Das Paniermehl auf dem Teigboden verteilen, die Apfelfüllung darauf glatt streichen. Den Teig für das „Gitter" auf die Apfelmasse legen. Wo es möglich ist, am Teigrand festdrücken.

8. Den Kuchen im Ofen auf der mittleren Schiene etwa 50 Minuten backen. Herausnehmen und in der Form komplett auskühlen lassen. Mit einem stumpfen Messer den Rand lösen, dann den Kuchen aus der Form lösen.

9. **Zum Verzieren** Puderzucker und Zitronensaft zu einem Guss verrühren und auf den Kuchen pinseln, die Mandelblättchen am Rand verteilen.

Arbeitszeit: 75 Min.
Backzeit: 15 Min. + 50 Min.
Ruhe-/Abkühlzeit mind. 5 Std.
Für 1 Kuchen mit 12–14 Stücken

Blutorangentarte

Wenn es Blutorangen gibt, solltet ihr diese Tarte unbedingt mit dieser besonderen Sorte zubereiten, ansonsten eignen sich auch „normale" Orangen oder Grapefruits. Rosa Pfefferbeeren und Basilikum passen gut zur süßen weißen Schokolade.

Für den Boden
1 x Grundrezept klassischer Mürbeteig → S. 56

Für die weiße Schokoladencreme
300 g weiße Schokolade
200 g Crème fraîche
200 g Sahne
2 Prisen Salz
abgeriebene Schale von ½ Bio-Orange
wer mag: 2 EL Orangenmarmelade

Außerdem
Mehl für die Arbeitsfläche
5–6 Blutorangen, Orangen oder Grapefruits
1 EL Orangenmarmelade oder Aprikosenkonfitüre
wer mag: einige rosa Pfefferbeeren und Basilikumblätter

quadratische Tarteform 21 x 21 cm oder runde Tarteform 26 cm ø

1. Für den Boden den Teig nach Grundrezept herstellen und mindestens 30 Minuten kalt stellen. Die Form fetten und mehlieren. Den Teig auf einer bemehlten Arbeitsfläche etwas größer als die Form ausrollen und in die Form legen. Die Ränder 2 bis 3 cm hoch andrücken. Mit einer Gabel mehrmals in den Boden stechen. Kalt stellen.

2. Den Ofen auf 190 °C Ober-/Unterhitze vorheizen. Den Teig wie auf Seite 57 beschrieben blindbacken. Vollständig abkühlen lassen.

3. Für die Creme Schokolade klein hacken. Mit der Crème fraîche in einer hitzebeständigen Schüssel über einem Wasserbad bei schwacher Hitze schmelzen, dabei gelegentlich umrühren, bis eine glatte Masse entstanden ist. Etwa 1 Stunde kalt stellen.

4. Die Sahne steif schlagen. Die gekühlte Schokoladenmischung durchrühren, Salz und Orangenschale dazugeben und die Sahne unterheben.

5. Wer mag, streicht etwas Orangenmarmelade auf den Mürbeteigboden. Die Schokoladencreme darauf verteilen. Je nach Größe der Form bleibt etwas Creme übrig, diese sofort essen oder für etwas anderes verwenden (z. B. Dessert im Glas). Die Tarte anschließend mindestens 30 Minuten kalt stellen.

6. Inzwischen die Orangen filetieren (→ S. 8) oder so schälen, dass die weiße Haut entfernt wird, und anschließend in Scheiben schneiden. Die Filets oder Scheiben auf Küchenpapier abtropfen lassen und anschließend auf der Creme verteilen.

7. Die Orangenmarmelade oder Aprikosenkonfitüre mit 1 EL Wasser in einem Topf 30 bis 60 Sekunden einkochen. Die Orangenfilets damit bestreichen. Wer mag, garniert die Tarte mit rosa Pfefferbeeren und Basilikum. Bis zum Servieren kalt stellen.

Arbeitszeit: 45 Min.
Backzeit: 22 Min. | Ruhezeit: mind. 2 Std.
Für 1 Tarte mit ca. 8 Stücken

Karamell-Shortbread

Diese Schnitten erfordern etwas Aufwand und Geduld, aber beim ersten Bissen ist alles vergessen. Erdnüsse machen sich auch hervorragend in der Karamellschicht. Nur die Shortbreadschicht wird gebacken, die anderen Schichten werden im Kühlschrank fest. Bitte vorsichtig dosieren, macht süchtig!

Für den Teig
190 g zimmerwarme Butter
50 g brauner Zucker
50 g Puderzucker
2 Prisen Zimtpulver
3 Prisen Salz · 300 g Mehl

Für die Karamellschicht
70 g Butter · 80 g brauner Zucker
570 ml gezuckerte Kondensmilch
3 Prisen Salz (Fleur de Sel)

Für die Schokoladenschicht
80 g dunkle Kuvertüre
120 g Sahne

Backblech 20 x 30 cm oder Springform 26 cm ø
Backpapier

1. Für den Teig Butter, braunen Zucker, Puderzucker, Zimt und Salz miteinander verkneten. Das Mehl dazugeben und alle Zutaten zu Streuseln verkneten. Ein Backblech mit Backpapier auslegen und die Streusel darauf verteilen. Mit einem Löffel oder Glasboden zu einem Boden drücken. Den Boden etwa 30 Minuten kalt stellen.

2. Den Backofen auf 150 °C Ober-/Unterhitze vorheizen. Den Boden darin auf der mittleren Schiene etwa 30 Minuten goldbraun backen. Herausnehmen und abkühlen lassen.

3. Für die Karamellschicht Butter, Zucker und Kondensmilch in einem großen Topf bei mittlerer Hitze unter ständigem Rühren zum Kochen bringen. Hier ist Geduld gefragt. Es muss permanent gerührt werden, sonst verbrennt die Masse. Auch über den Topfboden rühren. So lange rühren, bis die Masse eindickt, eine goldbraune Farbe und einen karamellartigen Geruch hat. Das kann einige Minuten dauern. Zuletzt das Salz unterrühren.

4. Die Masse auf dem Shortbreadboden verstreichen. Vollständig abkühlen lassen und anschließend mindestens 1 Stunde im Kühlschrank kalt stellen.

5. Für die Schokoladenschicht die Kuvertüre hacken und in eine hitzebeständige Schüssel füllen. Die Sahne aufkochen und über die Kuvertüre gießen. 1 Minute warten, dann aus der Mitte heraus vorsichtig nach außen rühren, bis sich die Zutaten verbunden haben.

6. Die Schokoladenschicht auf der Karamellschicht verteilen. Mindestens 2 Stunden kalt stellen. 15 Minuten vor dem Servieren aus dem Kühlschrank nehmen und Raumtemperatur annehmen lassen. Dann in Stücke schneiden.

Arbeitszeit: **90 Min.**
Backzeit: **30 Min.** | Abkühlzeit: **mind. 4 Std.**
Für **24–30 Stücke**

Rezepte
für
immer

Vanillecremes

Klassische Vanillecreme

Für ca. 700 g
½ Vanilleschote
40 g Speisestärke
250 ml Milch
4 sehr frische Eigelb
250 g Sahne
60 g Zucker · 3 Prisen Salz

1. Die Vanilleschote längs aufschlitzen und das Mark herauskratzen. Die Speisestärke mit etwa 80 ml Milch in einem ausreichend großen Gefäß verrühren. Die Eigelbe ebenfalls unterrühren.

2. Restliche Milch und Sahne mit Vanilleschote und -mark, Zucker und Salz in einem Topf aufkochen. Etwas heiße Flüssigkeit in die Stärke-Milch-Eigelb-Mischung geben und verrühren. Die warme Stärkemischung nun in die kochende Flüssigkeit geben und unter ständigem Rühren (auch am Topfboden) etwa 1 Minute durchkochen.

3. Die Creme durch ein Sieb in eine Schüssel gießen und mit Frischhaltefolie direkt auf der Oberfäche abgedeckt abkühlen lassen. Nach dem Abkühlen die Vanilleschote entfernen.

TIPP – Schnell & ohne frisches Eigelb
Wer kein frisches Eigelb benutzen will: Anstatt Eigelb und Speisestärke 1 Packung Puddingpulver mit 250 g Sahne, 250 ml Milch, 50 g Zucker, ½ Vanilleschote und 3 Prisen Salz nach Packungsanweisung zubereiten.

Vegane Vanillecreme

Für ca. 620 g
½ Vanilleschote
50 g Speisestärke
500 ml Pflanzendrink
70 g Zucker · 3 Prisen Salz

1. Die Vanilleschote längs aufschlitzen und das Mark herauskratzen. Die Speisestärke mit etwa 100 ml Pflanzendrink klümpchenfrei verrühren.

2. Restlichen Pflanzendrink mit Zucker, Salz, Vanilleschote und -mark aufkochen. Etwas heiße Flüssigkeit in die Stärkemischung geben und verrühren. Die warme Stärkemischung nun in die kochende Flüssigkeit geben und unter ständigem Rühren (auch am Topfboden) etwa 1 Minute durchkochen.

3. Die Creme durch ein Sieb in eine Schüssel gießen und mit Frischhaltefolie direkt auf der Oberfäche abgedeckt abkühlen lassen. Nach dem Abkühlen die Vanilleschote entfernen.

Eine echte Allrounderin. Sie eignet sich nicht nur als Füllung, sondern auch als Dessert oder als Grundlage für verschiedene Dessertcremes. Mit etwas geschlagener Sahne, Rum und Schokoladenstückchen wird daraus z. B. eine Herrencreme. Wenn Eiweiße übrig bleiben, einfach für die Pavlova auf Seite 162 verwenden.

VANILLETARTE MIT FRÜCHTEN

So einfach und so gut! Dafür 1 Grundrezept Mürbeteig nach Wahl (→ S. 56 & 57) zubereiten und blindbacken. Abkühlen lassen und den Teig in der Tarteform mit Vanillecreme bestreichen. Mit frischen Beeren oder Früchten belegen. Bis zum Servieren kalt stellen.

VANILLECREME MIT FRÜCHTEN

Dieses Dessert ist so beliebt, und ihr könnt es je nach Saison einfach mit Beeren oder anderem Obst anpassen.

Für 5 Gläser à ca. 200 ml:

½ Grundrezept Streusel nach Wahl (→ S. 42 & 43) backen und abkühlen lassen.

1 Grundrezept Vanillecreme nach Wahl kochen, komplett abkühlen lassen. 250 g kalte Sahne steif schlagen. Die Vanillecreme durchrühren und die Sahne unterheben. Die Vanillecreme mit Streuseln und Obst oder Konfitüre nach Wahl in Gläser schichten.

Bananen-Tarte-Tatin

Tarte Tatin ist ein echter Klassiker. Diesmal mit Schokoladenmürbeteig und Banane. Dazu etwas Crème fraîche und Passionsfrucht, und schon ist diese Tarte perfekt als Dessert geeignet.

Für den Boden
1 x Grundrezept Schokoladenmürbeteig → S. 56

Für den Karamell
120 g Zucker
80 g Butter
3 Prisen Salz
Mark von ½ Vanilleschote

Außerdem
3–4 reife Bananen
Mehl für die Arbeitsfläche
wer mag: etwas Crème fraîche
und 1 Passionsfrucht zum Servieren

Springform oder Tarte-Tatin-Form 26 cm ø
*Backpapie*r

1. Für den Boden den Teig nach Grundrezept herstellen und mindestens 30 Minuten kalt stellen.

2. Für den Karamell ein Stück Backpapier auf einen Springformboden einspannen, sodass der Rand dicht ist. Den Zucker mit 50 ml Wasser in einem Topf bei mittlerer Hitze bernsteinfarben karamellisieren. Dabei nicht rühren, sondern den Topf schwenken. Butter stückchenweise dazugeben. Salz und Vanillemark dazugeben und alles verrühren.

3. Den Karamell in die vorbereitete Form füllen (Vorsicht, sehr heiß!) und durch Schwenken darin verteilen. Die Bananen schälen und der Länge nach halbieren. Die Bananenhälften mit der Schnittfläche nach unten in der Form verteilen.

4. Den Backofen auf 190 °C Umluft vorheizen. Den Mürbeteig aus dem Kühlschrank nehmen und auf einer bemehlten Arbeitsfläche etwas größer als die Form ausrollen. Auf die Bananen legen, den überstehenden Teig als Rand in die Form drücken. Die Tarte im Ofen auf der mittleren Schiene etwa 40 Minuten backen.

5. Die Tarte herausnehmen und 15 Minuten ruhen lassen. Zum Stürzen mit einem Messerrücken den Teigrand von der Form lösen und den Ring abnehmen. Eine passende Kuchenplatte auf den Kuchen legen. Dann vorsichtig die noch heiße Tarte auf die Platte stürzen.

6. Die Tarte am besten lauwarm nach Geschmack mit Crème fraîche und Passionsfrucht servieren.

TIPP – Einfach variieren
Für die klassische Variante 4 Äpfel und das klassische Mürbeteigrezept von Seite 56 verarbeiten.

Arbeitszeit: 50 Min.
Backzeit: 40 Min. | Ruhezeit: mind. 45 Min.
Für 1 Tarte mit ca. 8 Stücken

Zitronentarte

Nur der Mürbeteig dieser Zitronentarte wird gebacken. Die Zitronenmasse wird abgezogen, das heißt, dass die flüssige Creme durch Erhitzen gebunden wird.

Für den Boden
1 x Grundrezept klassischer Mürbeteig → S. 56

Für die Zitronenmasse
95 g Butter, in Würfel geschnitten
70 ml Zitronensaft
120 g Zucker
3 sehr frische Eier + 1 Eigelb

Für das Baiser
1 sehr frisches Eiweiß
2 Prisen Salz
50 g Puderzucker

Tarteform 26 cm ø oder rechteckige Tarteform 21 x 21 cm
Spritzbeutel · Flambierbrenner

1. Für den Boden den Teig nach Grundrezept herstellen und mindestens 30 Minuten kalt stellen. Die Form fetten und mehlieren. Den Teig auf einer bemehlten Arbeitsfläche etwas größer als die Form ausrollen und in die Form legen. Die Ränder 2 bis 3 cm hoch andrücken. Mit einer Gabel mehrmals in den Boden stechen. Bis zur Weiterverwendung kalt stellen.

2. Den Ofen auf 190 °C Ober-/Unterhitze vorheizen. Den Teig wie auf Seite 57 beschrieben blindbacken. Vollständig auskühlen lassen.

3. Für die Zitronenmasse ein hitzebeständiges Gefäß und ein feines Sieb bereitstellen. Die Butter mit Zitronensaft, Zucker, den Eiern und dem Eigelb in einem Topf erwärmen. Unter ständigem Rühren auf etwa 84 °C erhitzen. Ein Küchenthermometer hilft, die richtige Temperatur festzustellen. Ansonsten so lange Rühren, bis die Masse andickt.

4. Die Masse durch das Sieb in das hitzebeständige Gefäß gießen. Etwas abkühlen lassen, dann in den abgekühlten Tarteboden füllen. Mindestens 4 Stunden kalt stellen.

5. Für das Baiser Eiweiß in einer fettfreien Schüssel mit dem Salz aufschlagen. Dabei nach und nach den Puderzucker einrieseln lassen. Den Eischnee mit einem Spritzbeutel auf die feste Zitronenmasse auftragen. Anschließend mit dem Flambierbrenner einige Sekunden flambieren, bis die gewünschte Farbe erreicht ist. Dabei die Kuchenform drehen, um alle Seiten zu erreichen.

TIPP – Einfach nach Geschmack
Ich mag nicht so viel Baiser auf der Tarte. Falls mehr gewünscht ist, einfach die Zutatenmengen für das Baiser verdoppeln.

Arbeitszeit: **50 Min.**
Backzeit: **22 Min.** | Abkühlzeit: **mind. 4 Std.**
Für **1 Tarte mit ca. 10 Stücken**

TIPP – Einfach variieren

Wer mag, kann 50 g Kokosraspel und die abgeriebene Schale von ½ Bio-Limette mit im Teig verkneten. Mit etwa 150 g frischen Früchten, einigen Kokoschips und Minze- oder Basilikumblättchen dekoriert sieht die Tarte noch toller aus.

Kokostarte

Wer noch nie mit Agar-Agar gearbeitet hat und den Geschmack von Kokosnuss gerne mag, sollte dieser Tarte ausprobieren. Statt als Tarte eignet sich dieses Rezept auch als Dessert im Glas: Streusel mit Kokosraspeln statt Mürbeteig herstellen und alles in Gläser schichten.

Für den Boden
1 x Grundrezept klassischer oder veganer Mürbeteig → S. 56 & 57

Für die Kokoscreme
400 g Kokosmilch
Schale von ½ Bio-Limette, in großen Zesten
40 g Vanillezucker
15 g Agar-Agar
200 g Sahne oder vegane Schlagcreme

Außerdem
Mehl für die Arbeitsfläche
150 g Mangokonfitüre, gekauft oder selbstgemacht (→ S. 82)

Tarteform 25 x 11 cm oder 26 cm ⌀

1. **Für den Mürbeteig** den Teig nach Grundrezept herstellen und mindestens 30 Minuten kalt stellen. Die Form fetten und mehlieren. Den Teig auf einer bemehlten Arbeitsfläche etwas größer als die Form ausrollen und in die Form legen. Die Ränder 2 bis 3 cm hoch andrücken. Mit einer Gabel mehrmals in den Boden stechen. Bis zur Weiterverwendung kalt stellen.

2. Den Ofen auf 190 °C Ober-/Unterhitze vorheizen. Den Teig wie auf Seite 57 beschrieben blindbacken. Vollständig auskühlen lassen.

3. **Für die Kokoscreme** die Kokosmilch in einem Topf bei mittlerer Hitze erwärmen und dabei verrühren, damit sich Fett und Kokoswasser verbinden. Die Limettenzesten zur Kokosmilch geben. Den Vanillezucker hinzufügen.

4. Etwa 250 g Kokosmilch in eine hitzebeständige Schüssel abgießen. Das Agar-Agar zur restlichen Kokosmilch in den Topf geben und beides unter Rühren 2 Minuten durchkochen. Die Mischung im Topf etwas abkühlen lassen, dann mit der Kokosmilch in der Schüssel verrühren. Etwa 30 Minuten im Kühlschrank kalt stellen. Die Limettenschale wieder entfernen. Sahne oder vegane Schlagcreme aufschlagen und unter die Kokoscreme heben.

5. Die Hälfte der Mangokonfitüre auf den Mürbeteig streichen. Die Kokoscreme drauf verteilen und glatt streichen. Wenn etwas Creme übrig bleibt, für etwas anderes verwenden. Anschließend mindestens 2 Stunden kalt stellen.

6. Den Rest der Mangokonfitüre auf der Cremeschicht verstreichen. Wer mag, kann die Tarte zum Servieren noch wie im Tipp links beschrieben mit Früchten dekorieren.

Arbeitszeit: 30 Min.
Backzeit: 22 Min. | Abkühlzeit: mind. 3 Std.
Für 1 Tarte mit ca. 8 Stücken

Pekannusstarte

Pekannüsse sind nicht ganz preiswert, aber diese Tarte mit Rübensirup ist das Beste, was diesen köstlichen Nüssen passieren kann. Im Tipp unten gibt's noch andere Varianten, die etwas preiswerter sind. Bei allen Varianten sollte man aber auf keinen Fall auf Crème fraîche verzichten.

Für den Boden
1 x Grundrezept klassischer Mürbeteig → S. 56

Für die Füllung
250 g Pekannusskerne
120 g zimmerwarme Butter
70 g brauner Zucker
Mark von ½ Vanilleschote oder 1 TL Vanillepaste
3 Prisen Salz
180 g Rübensirup
wer mag: 20 g Misopaste
3 zimmerwarme Eier
50 g Mehl

Zum Servieren
etwas Crème fraîche

Tarteform 21 x 21 cm oder 26 cm ø

1. Für den Boden den Mürbeteig nach Grundrezept herstellen und mindestens 30 Minuten kalt stellen. Die Form fetten und mehlieren. Den gekühlten Teig auf einer bemehlten Arbeitsfläche etwas größer als die Form ausrollen und in die Form legen. Die Ränder 2 bis 3 cm hoch andrücken. Mit einer Gabel mehrmals in den Boden stechen. Den Teig bis zur Weiterverwendung kalt stellen.

2. Den Ofen auf 190 °C Ober-/Unterhitze vorheizen. Den Teig wie auf Seite 57 beschrieben blindbacken. Vollständig auskühlen lassen.

3. Für die Füllung die Pekannüsse in einer Pfanne ohne Fett vorsichtig einige Minuten rösten, bis sie duften. Herausnehmen und grob hacken. Butter, Zucker, Vanille, Salz, Rübensirup und ggf. Misopaste schaumig aufschlagen. Die Eier nacheinander dazugeben und unterrühren. Das Mehl kurz unterrühren, die gehackten Nüsse unterheben.

4. Den Backofen auf 180 °C Ober-/Unterhitze vorheizen. Die Füllung in der vorgebackenen Mürbeteighülle verteilen und die Tarte im Ofen auf der mittleren Schiene 20 bis 25 Minuten backen. Falls die Füllung zu schnell dunkel wird, die Temperatur etwas reduzieren.

5. Die Tarte aus dem Ofen nehmen, etwa 30 Minuten abkühlen lassen, aus der Form lösen und am besten lauwarm mit etwas Crème fraîche servieren.

TIPP – Einfach variieren
Die Pekannüsse lassen sich durch beliebige Nüsse, z. B. Hasel- oder Walnüsse, ersetzen. Oder wie wäre es mit einer bunten Nussmischung? Wer mag, ersetzt beim Mürbeteig 50 g Mehl durch Buchweizenmehl. So schmeckt es noch nussiger.

Arbeitszeit: 35 Min.
Backzeit: 45 Min. | Ruhezeit: mind. 30 Min.
Für 1 Tarte mit ca. 10 Stücken

TIPP – Einfach variieren
Ich mag diese Tarte am liebsten mit Apfelspalten und Granatapfelkernen als Garnitur. Sie schmeckt aber auch super mit Trauben, Birnen, Pflaumen, Zwetschgen, Feigen oder allen Früchten zusammen. Ein oder zwei Tage nach dem Backen ist diese Tarte besonders lecker.

Vegane Obst-Nuss-Tarte

Das ist das optimale Rezept für diejenigen, die noch keine veganen Erfahrungen haben. Wer noch nie rein pflanzlich gebacken hat, kann sich super an dieser Tarte ausprobieren, weil sich die Arbeitsschritte gleichen – nur die Zutaten ändern sich.

Für den Boden
1 x Grundrezept veganer Mürbeteig → S. 57

Für die Füllung
1 x Grundrezept vegane Vanillecreme → S. 64
150 g gemahlene Mandeln oder Haselnüsse
3 Äpfel (z. B. Welland, Elstar, Maribelle) oder ca. 400 g gemischtes Obst
etwas Zitronensaft
½ TL Zimtpulver

Außerdem
1 EL Aprikosenkonfitüre
30 g gehobelte Mandeln, geröstet · Puderzucker

Spring- oder Tarteform 26 cm ø

1. **Für den Boden** den veganen Mürbeteig nach dem Grundrezept herstellen und mindestens 30 Minuten kalt stellen.

2. **Für die Füllung** die vegane Vanillecreme nach dem Grundrezept herstellen und abkühlen lassen.

3. Die gemahlenen Mandeln oder Haselnüsse in einer Pfanne ohne Fett rösten. Herausnehmen und abkühlen lassen. Die Form fetten und mehlieren. Den gekühlten Teig auf einer bemehlten Arbeitsfläche etwas größer als die Form ausrollen und in die Form legen. Die Ränder 3 bis 4 cm hoch andrücken. Mit einer Gabel mehrmals in den Boden stechen. Den Teig kalt stellen.

4. Die Äpfel oder anderes Obst waschen, falls gewünscht, schälen, vierteln, dabei das Kerngehäuse entfernen. Die Viertel in Spalten schneiden und mit Zitronensaft beträufeln. Die gemahlenen Mandeln oder Haselnüsse mit der Vanillecreme und dem Zimt verrühren.

5. Den Ofen auf 200 °C Ober-/Unterhitze vorheizen. Die Vanillecreme-Mischung gleichmäßig auf dem Teigboden verstreichen. Mit Obststücken belegen, die Stücke leicht eindrücken. Den Boden am Rand umklappen. Die Tarte im Ofen auf der mittleren Schiene etwa 30 Minuten backen. Falls das Obst zu dunkel wird, die Temperatur senken.

6. Die Tarte aus dem Ofen nehmen und abkühlen lassen. Die Aprikosenkonfitüre mit 2 EL Wasser aufkochen und etwas eindicken lassen. Die Tarte damit bestreichen. Den Rand ebenfalls bestreichen und mit gehobelten Mandeln belegen. Wer mag, bestreut den Rand noch mit etwas Puderzucker.

Arbeitszeit: **45 Min.**
Ruhe-/Abkühlzeit: **mind. 30 Min.**
Backzeit: **30 Min.**
Für **1 Tarte mit 8–10 Stücken**

Nussecken

Sie bestehen aus extra vielen Nusssorten, die vorher angeröstet werden, sodass der Geschmack noch intensiver wird. In einer Blechdose verpackt halten sie an einem kühlen Ort bis zu zwei Wochen. Und wer kein ganzes Blech machen will, kann das Rezept einfach halbieren und in einer 26-cm-Springform als Tarte backen.

Für den Boden
2 ½ x Grundrezept klassischer oder veganer Mürbeteig → S. 56 & 57
150 g Aprikosenkonfitüre

Für die Nussmasse
400 g gemischte Nusskerne (z. B. Haselnusskerne, Mandeln, Pekannusskerne, Walnusskerne)
200 g gemahlene Haselnüsse oder Mandeln
200 g Butter oder vegane Margarine
120 g brauner Zucker
¼ TL Zimtpulver
3 Prisen Salz
1 TL Vanillepaste

Zum Verzieren
1 x Grundrezept Schokoladenglasur → S. 31

Backblech
Backpapier

1. **Für den Boden** den Mürbeteig nach Grundrezept herstellen und mindestens 30 Minuten kalt stellen.

2. **Für die Nussmasse** die ganzen Nüsse in einer Pfanne ohne Fett leicht rösten, herausnehmen und grob hacken. Danach die gemahlenen Haselnüsse oder Mandeln leicht rösten. Butter oder Margarine in einem Topf mit 60 ml Wasser, Zucker, und Zimt schmelzen und verrühren. Salz und Vanille unterrühren. Gründlich mit den gehackten und den gemahlenen Nüssen mischen.

3. Ein Backblech mit Backpapier auslegen und den Teig auf einer bemehlten Arbeitsfläche auf Backblechgröße ausrollen. Einige Male mit einer Gabel in den Teig stechen. Anschließend mit der Aprikosenkonfitüre bestreichen. Den Backofen rechtzeitig auf 190 °C Ober-/Unterhitze vorheizen.

4. Die Nussmasse gleichmäßig auf dem Mürbeteig verstreichen. Die Nussecken im Ofen auf der mittleren Schiene 15 Minuten backen, danach das Blech auf die unterste Schiene schieben und in weiteren etwa 10 Minuten fertigbacken.

5. Aus dem Ofen nehmen und die Nussplatte mindestens 30 Minuten abkühlen lassen. Dann in Dreiecke schneiden. Vollständig abkühlen lassen.

6. **Zum Verzieren** die Glasur mithilfe einer Gabel oder eines Löffels in Linien über die Ecken träufeln.

TIPP - Einfach noch nussiger
Buchweizenmehl im Mürbeteig sorgt übrigens für einen besonderes nussigen Geschmack. Wer mag, kann 150 g des Weizen- oder Dinkelmehls durch Buchweizenmehl ersetzen.

Arbeitszeit: 45 Min.
Backzeit: 30 Min. | Abkühlzeit: mind. 1 ½ Std.
Für 28–30 Stück

Käsekuchen

So wandelbar und
immer cremig.
Die meisten Käsekuchen
brauchen eine Nacht
Ruhe für die perfekte
Konsistenz.

TIPP – Birnen pochieren

4 mittelgroße Birnen schälen, vierteln und das Kerngehäuse entfernen. Mit etwas Zitronensaft beträufeln. 70 g Zucker und 50 ml Wasser goldbraun karamellisieren. Mit 500 ml Apfelsaft oder Weißwein ablöschen. 1 Stange Zimt, 2 Nelken und 2 Sternanis dazugeben und aufkochen lassen. Birnen zugeben. Die Birnen etwa 2 Stunden abgedeckt ziehen lassen.

Zupfkuchen mit pochierten Birnen

Alles, was ein Käsekuchen braucht: Quarkmasse, schokoladiger Mürbeteig und pochiertes Obst! Entweder pochiert ihr die Birnen wie im Tipp beschrieben selber, oder ihr nehmt einfach Birnen aus der Dose. Auch Zwetschgen, Pflaumen oder Kirschen schmecken fabelhaft in dieser Kuchenkombination.

Für den Boden
150 g Butter
140 g Zucker
2 Prisen Salz · ½ TL Zimtpulver
2 Eier
300 g Mehl + Mehl zum Arbeiten
1 TL Backpulver
50 g Kakaopulver

Für die Füllung
250 g Butter
500 g Quark (Magerquark oder 20 % Fett)
150 g Zucker
Mark von ½ Vanilleschote
2 Prisen Salz · 3 Eier
2 TL Speisestärke
4 mittelgroße pochierte Birnen (→ Tipp) oder 1 Dose Birnen (460 g Abtropfgewicht)

Springform 26 cm ø
Backpapier

1. Für den Boden Butter, Zucker, Salz und Zimt verkneten. Die Eier dazugeben. Mehl, Backpulver und Kakao mischen und ebenfalls hinzufügen. Alle Zutaten zu Streuseln verkneten. Dann etwas weniger als die Hälfte des Streuselteiges abnehmen und kalt stellen. Die übrigen Streusel zu einem glatten Teig verkneten und in Frischhaltefolie gewickelt mindestens 30 Minuten kalt stellen.

2. Den Boden der Springform mit Backpapier bespannen. Die Seiten der Form fetten und mehlieren. Den kalt gestellten Teig auf einer bemehlten Arbeitsfläche etwas größer als die Form ausrollen und in die Kuchenform legen. Der Rand sollte etwa 3 cm hoch sein. Mit einer Gabel mehrmals in den Boden stechen. Den Teig wieder kalt stellen.

3. Für die Füllung die Butter in einem Topf bei mittlerer Hitze schmelzen. Quark, Zucker, Vanillemark und Salz in einer Schüssel verrühren, die Eier nacheinander unterrühren. Die Butter dazugeben und alle Zutaten zu einer glatten Masse verrühren. Die Speisestärke klümpchenfrei einrühren. Den Backofen auf 180 °C Umluft vorheizen.

4. Die Füllung auf dem Boden verstreichen. Die Birnen darauf verteilen. Den Kuchen zum Schluss gleichmäßig mit den Streuseln belegen.

5. Den Kuchen im Ofen auf der mittleren Schiene etwa 20 Minuten backen. Danach die Temperatur auf 170 °C reduzieren und den Kuchen noch etwa 45 Minuten backen. Falls er zu schnell dunkel wird, die Temperatur noch etwas reduzieren. Mindestens 4 Stunden auskühlen lassen. Am besten schmeckt der Kuchen nach einer Nacht im Kühlschrank.

Arbeitszeit: **1 Std.**
Backzeit: **65 Min.** | Ruhe-/Abkühlzeit: **mind. 4 Std., am besten über Nacht**
Für 1 Kuchen **mit 12–14 Stücken**

Weißer Schokoladen-Cheesecake

Nach einer Nacht im Kühlschrank schmeckt dieser Kuchen besonders gut. Die Kombination aus Haferboden, weißer Schokolade und Früchten ist unwiderstehlich! Wenn ihr mögt, macht die Mangokonfitüre selber, ansonsten könnt ihr auch eine gekaufte verwenden!

Für die Mangokonfitüre
1 reife Mango (ca. 300 g Fruchtfleisch)
100 g Gelierzucker (3:1)
1 walnussgroßes Stück Ingwer
abgeriebene Schale und Saft von 1 Bio-Limette

Für den Boden
1 x Grundrezept Haferflockenstreusel → S. 42
1 TL Lebkuchengewürz

Für die Schokoladenmasse
400 g weiße Kuvertüre
600 g zimmerwarmer Frischkäse
200 g zimmerwarmer Schmand oder saure Sahne
1 TL Vanillemark
abgeriebene Schale von ½ Bio-Orange
4 zimmerwarme Eier · 4 Prisen Salz

Außerdem
wer mag: ca. 300 g exotische Früchte (z. B. Physalis, Mango, Kiwi, Passionsfrucht)

Springform 26 cm ø · Backpapier

1. Für die Mangokonfitüre die Mango schälen, das Fruchtfleisch auf den flachen Seiten vom Stein schneiden und pürieren. Das Püree mit Gelierzucker in einem Topf vermischen. Bei mittlerer Hitze aufkochen lassen und etwa 5 Minuten unter Rühren köcheln lassen. Den Ingwer schälen und reiben. Die Konfitüre mit Ingwer und Limettensaft abschmecken. Abkühlen lassen.

2. Für den Boden die Springform mit Backpapier bespannen. Die Streusel mit Lebkuchengewürz nach Grundrezept zubereiten und in die Form drücken. Kalt stellen.

3. Für die Schokoladenmasse die weiße Kuvertüre klein hacken und in einer hitzefesten Schüssel über einem heißen Wasserbad schmelzen. Etwas abkühlen lassen. In der Zwischenzeit den Backofen auf 180 °C Umluft vorheizen. Frischkäse, Schmand oder saure Sahne mit Vanillemark und Orangenschale verrühren. Die Eier nacheinander unterrühren, das Salz dazugeben. Die geschmolzene Schokolade unterrühren.

4. Die Schokoladenmasse auf den Haferboden geben und den Kuchen im Ofen auf der mittleren Schiene etwa 1 Stunde backen. Falls die Oberfläche zu dunkel wird, die Temperatur etwas reduzieren. Den Ofen ausschalten und den Kuchen 1 Stunde im Backofen ruhen lassen. Dabei die Backofentür einen Spalt weit öffnen.

5. Den Kuchen herausnehmen und vollständig auskühlen lassen. Dann die Mangokonfitüre auf dem Kuchen verstreichen. Wer mag, garniert ihn noch mit exotischen Früchten.

Arbeitszeit: 1 Std.
Backzeit: 1 Std. | Ruhe-/Abkühlzeit: mind. 4 Std., am besten über Nacht
Für 1 Kuchen mit 12 – 14 Stücken

Mohn-Käsekuchen mit Kirschen

Durch die Zitrone schmeckt die Mohnfüllung schön frisch. Auch dieser Kuchen wird nach einer Nacht im Kühlschrank noch besser. Wenn Kirschensaison ist, frische Kirschen nehmen, sonst welche aus dem Glas, Aprikosen, Pflaumen oder Zwetschgen.

Für den Boden
2 x Grundrezept Mürbeteig → S. 56

Für die Mohnfüllung
125 ml Milch
60 g Zucker
große Zesten von ½ Bio-Zitrone
125 g gemahlener Mohn (geht auch mit ganzen Mohnsamen)
40 g Butter · 2 Eier
→ alternativ 250 g fertige Mohnfüllung

Für die Quarkmasse
500 g Quark (Magerquark oder 20 % Fett)
400 g Schmand · 120 g Zucker
abgeriebene Schale von 1 Bio-Zitrone
Mark von ½ Vanilleschote oder 1 TL Vanillepaste
4 Eier · 40 g Speisestärke
4 Prisen Salz

Außerdem
1 Glas Kirschen (350 g Abtropfgewicht) oder 400 g frische Kirschen (unentsteint gewogen)
Mehl für die Form

Backblech · Backpapier

1. **Für den Boden** den Mürbeteig nach Grundrezept herstellen und kalt stellen.

2. **Für die Mohnfüllung** Milch mit Zucker und Zitronenschale aufkochen. Dann Mohn einrühren. Die Mischung bei mittlerer Hitze unter Rühren zum Kochen bringen. Die Butter einrühren, die Mischung vom Herd nehmen und etwas abkühlen lassen (sonst gerinnen die Eier). Die Eier einrühren und die Füllung bis zur Verwendung kalt stellen. Bevor die Mischung eingefroren oder verwendet wird, die Zitronenschale entfernen.

3. Inzwischen die Kirschen abtropfen lassen bzw. frische Kirschen mit einem Kirschentsteiner oder einem Messer entsteinen.

4. Ein Backblech mit Backpapier auslegen. Den Mürbeteig auf einer bemehlten Arbeitsfläche etwas größer als das Backblech ausrollen. In die Form legen und den Rand etwa 4 cm hoch formen. Mit einer Gabel mehrmals in den Boden stechen. Den Boden wieder kalt stellen. Den Backofen auf 180 °C Umluft vorheizen.

5. **Für die Quarkmasse** Quark, Schmand, Zucker, Zitronenschale und Vanillemark verrühren. Dann die Eier nacheinander unterrühren. Die Speisestärke klümpchenfrei unterrühren und das Salz zugeben.

6. Die Zutaten könnt ihr nach Wunsch auftragen: zuerst Quark, dann Mohn, dann Kirschen oder einfach alles durcheinander. Mein Tipp: Marmoriert den Belag leicht mit einem Schaschlikspieß oder einer Gabel.

7. Den Käsekuchen im Ofen auf der mittleren Schiene etwa 20 Minuten backen, danach die Temperatur auf 160 °C herunterschalten und den Kuchen weitere 40 Minuten backen. Wenn ihr am Blech rüttelt, sollte die Masse nicht mehr flüssig, sondern fest aussehen. Den Kuchen aus dem Ofen nehmen und abkühlen lassen, am besten über Nacht.

TIPP – Keine Reste
Damit der Mohn im Schrank nicht ranzig wird: Sofort die gesamte Menge der Mohnpackung als Mohnfüllung zubereiten. Die Mohnfüllung lässt sich luftdicht verpackt bis zu 4 Wochen einfrieren. Damit könnt ihr zum Beispiel den Zitronenkuchen (→ Tipp S. 23) oder die Zitronen-Mohn-Schnecken (→ S. 130) ausprobieren.

Arbeitszeit: 1 Std.
Backzeit: 1 Std. | Ruhe-/Abkühlzeit: mind. 4 Std., am besten über Nacht
Für 1 Kuchen mit 20–24 Stücken

Cheesecake mit Streuseln

Dieser Kuchen ist lecker und vielseitig zugleich, wie ihr im Tipp lesen könnt. Und das Beste: er ist wunderbar praktisch – die Haferflockenstreusel dienen als Boden und als Belag, also wird schonmal ein Arbeitsschritt gespart. Die perfekte Ergänzung: cremige Käsemasse und Früchte nach Wahl.

Für die Streusel
350 g Mehl + Mehl für die Form
150 g Zucker
80 g großblättrige Haferflocken
½ TL Zimtpulver
4 Prisen Salz
230 g geschmolzene Butter + Butter für die Form

Für die Füllung
600 g zimmerwarmer Frischkäse
200 g zimmerwarme saure Sahne
3 zimmerwarme Eier
150 g Zucker
2 EL Speisestärke
1 TL Vanillepaste
3 Prisen Salz
abgeriebene Schale von 1 Bio-Zitrone

Außerdem
6 EL Himbeerkonfitüre oder 400 g TK-Beeren oder frische Früchte

Springform 26 cm ø
Backpapier

1. Die Springform mit Backpapier bespannen. Die Ränder der Form fetten und mehlieren.

2. Für die Streusel Mehl, Zucker, Haferflocken, Zimt und Salz in einer großen Schüssel mischen. Die geschmolzene Butter dazugeben und alle Zutaten mit den Händen oder mit einem Löffel zu Streuseln verkneten.

3. Zwei Drittel der Streusel in die vorbereitete Springform geben und mit einem Glas oder Löffel zu einem Boden festdrücken. Die Form 10 Minuten ins Gefrierfach stellen. Die restlichen Streusel in den Kühlschrank stellen. Den Backofen auf 180 °C Umluft vorheizen.

4. Den Boden im Ofen auf der mittleren Schiene etwa 15 Minuten goldgelb backen. Herausnehmen und beiseitestellen.

5. Für die Füllung alle Zutaten glatt verrühren. Die Masse auf den vorgebackenen Boden geben. Konfitüre, TK-Beeren oder Früchte daraufgeben und etwas glatt streichen. Die restlichen Streusel darauf verteilen. Den Kuchen im Ofen auf der mittleren Schiene 35 bis 40 Minuten backen.

6. Herausnehmen und etwa 1 Stunde abkühlen lassen. Dann mit einem Messer den Rand des Kuchens von der Form lösen. Den Kuchen vor dem Servieren vollständig auskühlen lassen – am besten über Nacht im Kühlschrank, damit die Masse wieder fest wird und die Konsistenz schön cremig-fest ist.

Arbeitszeit: 1 Std.
Backzeit: 50–65 Min. | Ruhe-/Abkühlzeit: mind. 4 Std., am besten über Nacht
Für 1 Kuchen mit 12–14 Stücken

TIPP – Einfach variieren

Für dieses Rezept könnt ihr jede beliebige Fruchtkonfitüre oder Frucht verwenden, ganz nach eurem Geschmack, Früchte idealerweise passend zur Jahreszeit. Im Sommer schmeckt der Kuchen auch wunderbar mit frischen Kirschen, Beeren, Zwetschgen oder Pfirsichen.

Zitronen-Estragon-Käsekuchen

Dieser Käsekuchen ist durch Zitronenmasse, Estragon und essbaren Blüten ein echter Hingucker und eine spannende geschmackliche Kreation. Wer es lieber klassisch mag: Estragon und Zitronenmasse weglassen und mit Früchten oder Konfitüre nach Wahl garnieren. Anstatt Estragon eignet sich auch Thymian, Rosmarin oder Lorbeer.

Für den Boden
1 x Grundrezept Mürbeteig → S. 56
abgeriebene Schale von 1 Bio-Zitrone
3 Stiele Estragon
Mehl und Butter für die Form

Für die Füllung
500 g zimmerwarmer Magerquark
200 g zimmerwarmer Mascarpone
abgeriebene Schale von ½ Bio-Zitrone
3 Prisen Salz
150 g Zucker
4 zimmerwarme Eier
40 g Speisestärke

Außerdem
1 x Zitronenmasse → S. 68 oder gekaufter Lemoncurd
Estragon und essbare Blüten zum Garnieren

Springform 26 cm ø
Backpapier

1. Die Springform mit Backpapier bespannen. Die Ränder der Form fetten und mehlieren.

2. **Für den Boden** Estragonblätter abzupfen und mit einem Teil des Mehls in einem Mixer fein mahlen. Mürbeteig wie im Rezept beschrieben herstellen und etwa 30 Minuten kalt stellen.

3. Etwa ein Drittel des Mürbeteiges auf einer bemehlten Arbeitsfläche zu einem Kreis mit 26 cm Durchmesser ausrollen. Den Boden der Backform mit dem Teig auslegen. Mit einer Gabel mehrmals in den Boden stechen. Den restlichen Teig für den Rand zu einem etwa 4 cm breiten Streifen ausrollen. Den Rand der Form mit dem Teigstreifen auskleiden, den Teigrand dabei gut an den Boden drücken. Anschließend bis zum Backen kalt stellen.

4. **Für die Füllung** Quark, Mascarpone, Zitronenschale, Salz und Zucker glatt rühren. Die Eier unterrühren, die Stärke ebenfalls unterrühren. Den Ofen auf 170 °C Ober-/Unterhitze vorheizen.

5. Die Füllung in die vorbereitete Form geben und den Kuchen auf der mittleren Schiene etwa 1 Stunde backen. Nach der Hälfte der Backzeit auf die untere Schiene stellen.

6. Die Zitronenmasse wie im Rezept auf Seite 68 beschrieben herstellen. Käsekuchen und Zitronenmasse komplett auskühlen lassen. Die Zitronenmasse auf dem Käsekuchen verstreichen und mit Estragon und Blüten oder Beeren garnieren.

Arbeitszeit: **1 Std.**
Backzeit: **1 Std.** | Abkühlzeit: **mind. 4 Std.**
Für **1 Kuchen mit 12–14 Stücken**

Käsekuchen mit Lavendelaprikosen

Diesen Käsekuchen habe ich bei „Hier und heute" mal mit Rhabarberragout zubereitet. Ihr könnt je nach Jahreszeit das Obst auf dem Kuchen variieren. Wer es einfacher haben möchte, bestreicht den Kuchen mit einer Konfitüre seiner Wahl.

Für den Boden
150 g Butter
60 g Honig
40 g brauner Zucker
3 Prisen Fleur der Sel
½ TL Zimtpulver
1 Ei
40 g Speisestärke (oder Mehl, dann nicht glutenfrei)
200 g grob- und feinblättrige Haferflocken

Für die Füllung
300 g zimmerwarmer Frischkäse
250 g zimmerwarmer Magerquark
100 g zimmerwarme Sahne
70 g Honig
50 g Zucker
3 zimmerwarme Eier
abgeriebene Schale von ½ Bio-Zitrone
3 Prisen Salz

Für die Aprikosen
5 Aprikosen
1 Zweig Lavendel + wer mag: einige Zweige zum Garnieren
2 TL Zucker
1 EL Honig
Saft von 1 Orange

Backblech · Backpapier
Springform 26 cm ø
kleine Auflaufform

1. **Für den Boden** 100 g Butter, Honig, Zucker, Salz und Zimt in einer Schüssel aufschlagen. Das Ei dazugeben. Die Speisestärke hinzufügen und kurz verrühren. Die Haferflocken dazugeben und alle Zutaten verrühren, bis sie sich vermischt haben. Den Backofen auf 190 °C Ober-/Unterhitze vorheizen.

2. Den Teig auf einem mit Backpapier belegten Backblech verteilen und im Ofen auf der mittleren Schiene 15 bis 17 Minuten goldbraun backen.

3. Den Boden herausnehmen, komplett abkühlen lassen. In Stücke brechen und mit einem Mörser oder Mixer fein mahlen. Die Krümel in eine Schüssel geben.

4. Die übrigen 50 g Butter in einem Topf schmelzen und dann gründlich mit den Krümeln mischen. Die Springform mit Backpapier bespannen, die Butter-Krümel-Mischung hineingeben und mit einem Glasboden oder Löffel gleichmäßig festdrücken. Kalt stellen. Den Ofen auf 150 °C Ober-/Unterhitze vorheizen.

5. **Für die Füllung** alle Zutaten in einer Schüssel verrühren. Die Füllung auf den vorbereiteten Boden geben und den Kuchen auf der mittleren Schiene 50 bis 60 Minuten backen.

6. **Für die Aprikosen** die Früchte waschen, vierteln und entsteinen. Von 1 Lavendelzweig die Blüten abzupfen und mit dem Zucker in einem Mixer oder einem Mörser fein mahlen. Den Lavendelzucker mit Honig und Orangensaft mischen. Die Aprikosen mit dem Orangensaft-Honig-Sud mischen und in eine Auflaufform geben. Im Ofen bei 150 °C Ober-/Unterhitze 12 bis 15 Minuten dünsten. Ihr könnt die Aprikosen nach oder auch zusammen mit dem Kuchen in den Ofen geben.

7. Käsekuchen und Aprikosen herausnehmen und vollständig auskühlen lassen. Die Aprikosen auf dem Kuchen verteilen. Wer mag, garniert den Kuchen noch mit einigen gezupften oder ganzen frischen Lavendelblüten.

Arbeitszeit: 1 Std.
Backzeit: 77 Min. | Ruhe-/Abkühlzeit: mind. 4 Std., am besten über Nacht
Für 1 Kuchen mit 12–14 Stücken

Veganer Cheesecake

Die Rübensirup-Cookies, die hier als Boden dienen, gehören zu meinen absoluten Lieblingsrezepten. Ansonsten eignen sich für den Boden auch vegane gekaufte Cookies oder das vegane Mürbeteig-Grundrezept von Seite 57. Wenn eure Lieblingsfrüchte keine Saison haben, einach mit Konfitüre nach Wahl bestreichen.

Für die Rübensirup-Cookies
100 g Rübensirup
125 g weiche vegane Margarine
100 g brauner Zucker · 3 Prisen Salz
1 TL gemahlener Ingwer
1 TL Zimtpulver
½ TL gemahlener Kardamom
½ TL frisch geriebene Muskatnuss (als Alternative zu den Gewürzen 2 ½TL Lebkuchengewürz)
1 walnussgroßes Stück Ingwer, gerieben
210 g Mehl · 1 TL Backpulver

Für den Boden
400 g Rübensirup-Cookies
70 g vegane Margarine

Für die Füllung
600 g vegane Frischkäsealternative
600 g vegane Quarkalternative
140 g Zucker · 5 EL Speisestärke
abgeriebene Schale von ½ Bio-Zitrone oder -Orange

Außerdem
Früchte nach Geschmack zum Dekorieren

Springform 26 cm ø
Backpapier

1. Für die Cookies Rübensirup, Margarine, 2 EL heißes Wasser, Zucker, Salz und Gewürze vermischen und aufschlagen. Mehl und Backpulver mischen und mit den aufgeschlagenen Zutaten zu einem Teig verkneten. 15 Minuten kalt stellen.

2. Den Backofen auf 180 °C Umluft vorheizen. Ein Backblech mit Backpapier auslegen. Den Teig zu etwa 12 Kugeln (à 40–50 g) formen und mit Abstand auf das Backblech setzen. Das geht gut mit einem Eisportionierer. Die Cookies im Ofen etwa 15 Minuten backen.

3. Die Springform mit Backpapier bespannen. Die Ränder der Form fetten und mehlieren.

4. Für den Boden die Cookies fein zerstoßen. Margarine in einem Topf erwärmen. Brösel und Margarine gut vermischen. Brösel in die Form geben und mit einem Glasboden oder Löffel glatt drücken.

5. Für die Füllung Frischkäse, Quark, Zucker, Speisestärke und Orangen- oder Zitronenschale glatt rühren. Die Füllung auf dem Boden verteilen und den Kuchen auf der mittleren Schiene etwa 1 Stunde backen. Vollständig auskühlen lassen und mit Früchten nach Geschmack garnieren.

Arbeitszeit: **45 Min.**
Backzeit: **1 ¼ Std.** | Abkühlzeit: **mind. 4 Std.**
Für **1 Kuchen mit 12–14 Stücken**

Hefeteig

Bei dieser Teigsorte ist etwas Geduld gefragt. Aber die lohnt sich, nur so entwickelt sich das typische, leckere Hefeteigaroma.

Hefeteige

Klassischer Hefeteig

Für ca. 900 g Teig
220 ml Milch
70 g Butter
½ Würfel Hefe (21 g)
500 g Mehl + Mehl für die Arbeitsfläche
80 g Zucker
10 g Salz
1 Ei

1. Milch und Butter in einem Topf auf etwa 37 °C erwärmen. Die Hefe hineinbröseln und unter Rühren darin auflösen.

2. Mehl, Zucker und Salz und das Ei in einer Schüssel mischen und eine Mulde hineindrücken. Die Hefemischung in die Mulde gießen und etwa 10 Minuten abgedeckt stehen lassen. Anschließend alles 6 Minuten mit den Knethaken eines Handrührgeräts oder einer Küchenmaschine zu einem glatten, geschmeidigen Teig kneten.

3. Etwas Mehl auf die Arbeitsfläche geben und den Teig nochmals durchkneten und rundwirken, das heißt, den Teig von außen nach innen wie eine Kugel einschlagen. Falls der Teig zu klebrig ist, etwas Mehl dazugeben und im Teig verkneten. Dadurch entsteht ein runder, straffer Teigling. Diesen an einem warmen Ort abgedeckt 1 Stunde gehen lassen, bis sich das Volumen verdoppelt hat. Wie gewünscht weiterverarbeiten.

Keine Angst vor Hefeteig! Es gibt nur ein paar Dinge, auf die ihr achten müsst: Die Flüssigkeit, in der die Hefe aufgelöst wird, darf nicht zu heiß sein. Der Teig muss ordentlich geknetet werden und muss anschließend ausreichend Zeit zum Gehen haben – nur so wird er schmackhaft und fluffig.

Veganer Hefeteig

Für ca. 1000 g Teig
290 ml Pflanzendrink
80 g vegane Margarine
½ Würfel Hefe (21 g)
550 g Mehl + Mehl für die Arbeitsfläche
80 g Zucker
10 g Salz

1. Pflanzendrink und Margarine in einem Topf auf etwa 37 °C erwärmen. Die Hefe hineinbröseln und unter Rühren darin auflösen.

2. Mehl, Zucker und Salz in einer Schüssel mischen und eine Mulde hineindrücken. Die Hefemischung in die Mulde gießen und etwa 10 Minuten abgedeckt stehen lassen. Anschließend alles 6 Minuten mit den Knethaken eines Handrührgeräts oder einer Küchenmaschine zu einem glatten, geschmeidigen Teig kneten.

3. Etwas Mehl auf die Arbeitsfläche geben und den Teig nochmals durchkneten und rundwirken, das heißt, den Teig von außen nach innen wie eine Kugel einschlagen. Falls der Teig zu klebrig ist, etwas Mehl dazugeben und im Teig verkneten. Dadurch entsteht ein runder, straffer Teigling. Diesen an einem warmen Ort abgedeckt 1 Stunde gehen lassen, bis sich das Volumen verdoppelt hat. Wie gewünscht weiterverarbeiten.

HEFE – Trocken oder frisch?

Ein Würfel frische Hefe lässt sich durch 2 Päckchen Trockenhefe ersetzen. Ich bevorzuge frische Hefe, aber das ist Geschmackssache. Hefe mag es nicht zu warm! Die Flüssigkeit, in der die Hefe aufgelöst wird, sollte maximal 40 °C warm sein.

GEHEN ÜBER NACHT

Hefeteig kann auch gut über Nacht gehen. Das muss aber im Kühlschrank geschehen, Flüssigkeit und Hefe müssen dafür nicht erwärmt werden. Bevor der Hefeteig weiterverarbeitet wird, sollte er etwa 1 Stunde bei Raumtemperatur „aufwärmen“.

MEHR GESCHMACK

Hefeteig lässt sich auch sehr gut mit Zitronen- oder Orangenschale aromatisieren. Dazu einfach etwas abgeriebene Schale mit in den Teig geben.

Bienenstich

Die Cremeschicht in den fluffigen Hefeteig zu streichen, stellt eventuell eine Herausforderung dar, deswegen wird die Creme in diesem Rezept einfach auf den Kuchen gestrichen und der Belag separat gebacken.

Für die Creme
1 x Grundrezept Vanillecreme → S. 64
3 Päckchen Sahnesteif
30 g Zucker
200 g Sahne

Für den Hefeteig
100 ml Milch
40 g Butter + Butter für die Form
¼ Würfel Hefe (10 g)
250 g Mehl + Mehl für die Form
40 g Zucker
1 EL Honig
1 Ei
5 g Salz

Für die Mandelkruste
100 g Butter
100 g Zucker
5 EL Honig
100 g Mandelblättchen

Backblech
Backpapier
Springform 26 cm ø

1. Für die Cremeschicht am besten schon am Vortag die Vanillecreme wie im Grundrezept beschrieben zubereiten.

2. Für den Hefeteig Milch und Butter in einem Topf auf etwa 37 °C erwärmen. Die Hefe hineinbröseln und unter Rühren darin auflösen. Mehl, Zucker, Honig, Ei und Salz in eine Schüssel geben, eine Mulde hineindrücken und die warme Milch-Butter-Mischung hineingießen. 10 Minuten abgedeckt stehen lassen. Anschließend alles 6 Minuten mit den Knethaken eines Handrührgeräts oder einer Küchenmaschine zu einem geschmeidigen Teig kneten. Abgedeckt 1 Stunde an einem warmen Ort zur doppelten Größe gehen lassen.

3. Für die Mandelkruste den Backofen auf 180 °C Umluft vorheizen. Butter, Zucker und Honig in einem Topf bei schwacher Hitze erwärmen und rühren, bis sich alle Zutaten verbunden haben. Anschließend zum Kochen bringen und unter Rühren etwa 2 Minuten köcheln lassen. Die Mandelblättchen unterheben. Die Mischung auf ein mit Backpapier belegtes Backblech streichen und im Ofen 10 bis 12 Minuten goldbraun backen.

4. Während die Mandelkruste im Ofen ist, die Form fetten und mehlieren. Den Teig rund ausrollen und in die Form geben oder – wer es wie auf dem Foto rustikaler mag – auf ein Blech legen. Den Teig etwa 15 Minuten abgedeckt gehen lassen. Mehrmals mit einer Gabel in den Teig stechen, damit beim Backen keine großen Blasen entstehen.

5. Den Teig im Ofen bei 180 °C Umluft auf der mittleren Schiene etwa 12 Minuten backen. Danach die Temperatur auf 170 °C reduzieren und den Teig weitere 20 bis 25 Minuten backen. Herausnehmen und vollständig auskühlen lassen.

6. Zum Fertigstellen der Creme Sahnesteif und Zucker mischen. Die Sahne steif schlagen und dabei die Sahnesteif-Zucker-Mischung einrieseln lassen. Die Vanillecreme gut durchrühren, dann die Sahne unterheben. Bis zur Verwendung kalt stellen.

7. Den ausgekühlten Boden aus der Form lösen. Die Creme auf dem Boden verteilen und den Kuchen bis zum Servieren kalt stellen, mindestens aber 1 Stunde. Erst kurz vor dem Servieren den Mandelkaramell nach Belieben in große oder kleine Stücke brechen und auf der Creme verteilen.

Arbeitszeit: **20 Min.** | Gehzeit: **ca. 75 Min.**
Backzeit: **12 + 25 Min.** | Kühlzeit: **mind. 1 Std.**
Für **1 Kuchen mit 12–14 Stücken**

Zwetschgenkuchen

Was gibt es besseres als Zwetschgenkuchen im Spätsommer? Ich kannte Zwetschgen lange nur als „Pflaumen", im Sauerland wurden die Früchtchen einheitlich so genannt. Aber ganz egal ob Zwetschgen oder Pflaumen, hauptsache es ist Hefeteig darunter.

Für den Hefeteig
1½ x Grundrezept klassischer oder veganer Hefeteig → S. 96 & 97

Für den Belag
1,2 kg Zwetschgen oder Pflaumen (mit Stein gewogen)
2 EL Zimt-Zucker

Backblech
Backpapier oder Backmatte

1. **Den Hefeteig** nach dem Grundrezept zubereiten und abgedeckt an einem warmen Ort 1 Stunde gehen lassen.

2. **Für den Belag** die Zwetschgen waschen, entsteinen und in gleich große Stücke schneiden.

3. Ein Backblech mit Backpapier oder einer Backmatte auslegen. Den Teig auf das Backblech geben und flach drücken, sodass er auf dem ganzen Blech verteilt ist. Mehrmals mit einer Gabel in den Teig stechen, damit später beim Backen keine großen Blasen entstehen.

4. Die Zwetschgen auf dem Teig verteilen, und etwas eindrücken. Gleichmäßig mit Zimt-Zucker bestreuen. Den Teig abgedeckt an einem warmen Ort 15 Minuten gehen lassen. Den Backofen in der Zwischenzeit auf 180 °C Umluft vorheizen.

5. Den Kuchen im Ofen auf der mittleren Schiene etwa 40 Minuten backen.

6. Den fertig gebackenen Zwetschgenkuchen aus dem Ofen nehmen und kurz abkühlen lassen. Am besten lauwarm mit Sahne oder veganer Schlagcreme servieren. Kalt schmeckt er natürlich auch.

TIPP – Einfach variieren
Wenn Zwetschgen gerade keine Saison haben, passt auch anderes Obst gut auf diesen Kuchen, zum Beispiel Äpfel oder Birnen. Streusel oder Vanillecreme in allen Variationen machen sich auch sehr gut auf diesem Kuchen.

Arbeitszeit: **45 Min.**
Gehzeit: **ca. 75 Min.** | Backzeit: **40 Min.**
Für **1 Kuchen mit 16–20 Stücken**

Süßkartoffelschnecken

Lasst euch auf keinen Fall vom Gemüse im Hefeteig abschrecken! Süßkartoffel oder Kürbis sorgen für einen würzigen, tiefen feinen Geschmack. Darauf unbedingt das Frischkäse- oder Ahornsiruptopping von Seite 32 & 33 probieren!

Für den Hefeteig
375 g Süßkartoffeln (ungeschält)
1 TL Zimtpulver
570 g Mehl + Mehl für die Arbeitsfläche
70 g Zucker
10 g Salz
1 Ei
½ TL Lebkuchengewürz
4 Prisen frisch geriebene Muskatnuss
walnussgroßes Stück Ingwer, geschält und frisch gerieben
150 ml Milch
80 g Butter
½ Würfel Hefe (21 g) oder 1 Päckchen Trockenhefe

Für die Füllung
150 g sehr weiche Butter
1 TL Zimtpulver
½ TL gemahlener oder frisch geriebener Ingwer
100 g brauner Zucker
50 g Zucker

Backblech
Backpapier

1. **Für den Hefeteig** die Süßkartoffeln schälen und grob würfeln. Mit etwas Wasser und ½ TL Zimt in einem Topf weich kochen. Die Flüssigkeit abgießen und die Gemüsewürfel mit einer Gabel zerdrücken. Lauwarm abkühlen lassen.

2. Mehl, Zucker, Salz, Ei, Gewürze, Ingwer und 300 g Süßkartoffelpüree in einer Schüssel mischen (wer Trockenhefe nimmt, gibt diese gleich zum Mehl). Milch und Butter in einem Topf auf etwa 37 °C erwärmen. Die Hefe hineinbröseln und unter Rühren darin auflösen.

3. Die warme Milch-Butter-Mischung zu den anderen Zutaten geben und alles 5 Minuten mit den Knethaken des Handrührgeräts oder einer Küchenmaschine zu einem geschmeidigen Teig kneten. Den Teig anschließend mit den Händen zu einer Kugel formen und abgedeckt an einem warmen Ort etwa 1 Stunde gehen lassen, bis sich das Volumen verdoppelt hat.

4. **Für die Füllung** inzwischen Butter mit Zimt, Ingwer und beiden Zuckersorten verrühren.

5. Den Teig auf einer bemehlten Arbeitsfläche zu einem etwa 1 cm dicken, 40 x 30 cm großen Rechteck ausrollen. Mit der Zucker-Butter-Mischung bestreichen. Dabei den oberen Rand (= lange Seite) frei lassen, sonst quillt beim Aufrollen alles heraus.

6. Die Teigplatte vom unteren Rand her (= lange Seite) vom Körper weg vorsichtig straff aufrollen. Die Rolle in 12 gleich dicke Scheiben schneiden. Mit ausreichend Abstand auf zwei mit Backpapier belegte Bleche verteilen, dabei das Ende der Schnecke unter die Rolle legen. So verlieren sie beim Backen nicht die Form.

7. Die Schnecken 15 Minuten abgedeckt gehen lassen. In der Zwischenzeit den Backofen auf 200 °C Umluft vorheizen. Die Bleche zusammen in den Ofen schieben und die Schnecken etwa 20 Minuten backen, dabei nach der Hälfte der Backzeit die Bleche tauschen und evtl. drehen, damit die Schnecken gleichmäßig bräunen. Falls die Schnecken zu dunkel werden, die Temperatur etwas reduzieren. Auf dem Blech abkühlen lassen.

TIPP – Einfach variieren
Für Kürbisschnecken die Süßkartoffeln durch Kürbis ersetzen. Hokkaido muss nicht geschält werden, andere Sorten schon. 300 g gewürfeltes Kürbisfleisch garen wie in Schritt 1 beschrieben.

Arbeitszeit: **40 Min.**
Gehzeit: **mind. 75 Min.** | Backzeit: **20 Min.**
Für **12 Stück**

Schokoladen-Hefezopf

Diese Kombination geht nicht nur morgens, sondern auch nachmittags zum Kaffee. Mein Tipp: Die doppelte Menge Nougatcreme zubereiten und zusätzlich auf eine Scheibe warmen Hefezopf streichen – natürlich mit Butter drunter.

Für die Nussnougatcreme
75 g dunkle Kuvertüre
50 g Nussnougat
100 g Sahne
3 Prisen Salz
wer mag: 75 g geröstete, grob gehackte Haselnüsse oder Haselnussblättchen

Für den Teig
170 ml Milch
40 g weiche Butter + Butter für die Form
½ Würfel Hefe (21 g)
400 g Mehl + Mehl für die Arbeitsfläche
70 g Zucker
½ TL Zimtpulver
½ TL Salz
1 Ei

Außerdem
Puderzucker zum Bestreuen

Kastenform ca. 30 x 11 x 8 cm

1. **Für die Nougatcreme** die Kuvertüre und den Nussnougat hacken und in eine hitzebeständige Schüssel füllen. Die Sahne aufkochen und über die Kuvertüre-Nougat-Mischung geben. 1 Minute warten, dann mit einem Löffel oder Silikonschaber von der Mitte aus in Kreisen vorsichtig rühren, bis sich die Zutaten verbunden haben. Das Salz dazugeben.

2. Die Creme mindestens 1 Stunde im Kühlschrank abkühlen lassen. Wer mag kann geröstete, gehackte Haselnüsse oder Haselnussblättchen unterheben, sobald die Creme fest geworden ist.

3. **Für den Teig** Milch und Butter in einem Topf auf etwa 37 °C erwärmen. Die Hefe hineinbröseln und unter Rühren darin auflösen.

4. Mehl, Zucker, Zimt, Salz und das Ei in einer Schüssel mischen und eine Mulde hineindrücken. Die Hefemischung in die Mulde gießen und 10 Minuten abgedeckt stehen lassen. Anschließend alles 6 Minuten mit den Knethaken eines Handrührgeräts oder einer Küchenmaschine zu einem geschmeidigen Teig kneten.

5. Den Teig auf einer bemehlten Arbeitsfläche zu einer Kugel formen. Falls der Teig zu klebrig ist, noch etwas Mehl unterkneten. Die Teigkugel zurück in die Schüssel geben und abgedeckt an einem warmen Ort 1 Stunde gehen lassen. Die Kastenform fetten und mehlieren.

6. Den Teig auf einer bemehlten Arbeitsfläche zu einem etwa 30 x 40 cm großen Rechteck ausrollen. Die Nussnougatcreme auf den Teig streichen und das Ganze von der langen Seite her eng aufrollen. Die Rolle mit einem Messer der Länge nach dritteln. Die 3 Stränge zu einem Zopf flechten, den Zopf in die Form legen und abgedeckt 20 Minuten gehen lassen. Den Backofen inzwischen auf 190 °C Umluft vorheizen.

7. Den Zopf im Ofen auf der mittleren Schiene 15 Minuten backen, dann die Temperatur auf 170 °C herunterschalten und den Zopf weitere 40 bis 45 Minuten backen. Herausnehmen, kurz abkühlen lassen, aus der Form lösen und auskühlen lassen. Zum Servieren mit Puderzucker bestreuen.

TIPP – Einfach variieren
Zur Weihnachtszeit etwa ½ TL Lebkuchengewürz (→ S. 19) mit in den Teig geben. Und wer die Kombination von Schokolade und Orange gerne mag, gibt einfach die abgeriebene Schale von ¼ Bio-Orange mit in den Teig.

Arbeitszeit: 30 Min.
Gehzeit: ca. 1½ Std. | Backzeit: 60 Min.
Für 1 Zopf mit 10–12 Scheiben

Neujahrsbrezel mit Marzipan

Traditionell gibt es am Neujahrsmorgen diese mit Marzipan gefüllte Brezel. Die Mühe lohnt sich auch nach einer durchfeierten Silvesternacht, die Brezel schmeckt aber auch an jedem anderen Tag des Jahres!

Für den Hefeteig
230 ml Milch · 80 g Butter
½ Würfel Hefe (21 g)
500 g Weizenmehl Type 550 + Mehl für die Arbeitsfläche
65 g Zucker · 10 g Salz
abgeriebene Schale von ¼ Bio-Zitrone
2 Eigelb

Für die Marzipanfüllung
200 g Marzipanrohmasse
2 Eiweiß
150 g gemahlene, geröstete Mandeln

Außerdem
etwas Aprikosenkonfitüre
½ Grundrezept Zuckerguss → S. 30
40 g geröstete Mandelblättchen

Backblech
Backpapier oder Backmatte

1. Für den Teig Milch und Butter in einem Topf auf etwa 37 °C erwärmen. Die Hefe hineinbröseln und unter Rühren darin auflösen.

2. Mehl, Zucker, Salz, Zitronenschale und die Eigelbe in einer Schüssel mischen und eine Mulde hineindrücken. Die Milch-Hefe-Mischung hineingießen und 5 Minuten abgedeckt stehen lassen. Anschließend alles 6 Minuten mit den Knethaken eines Handrührgeräts oder einer Küchenmaschine zu einem geschmeidigen Teig kneten.

3. Den Teig auf einer bemehlten Arbeitsfläche rund formen. Falls er zu klebrig ist, etwas Mehl unterkneten. Abgedeckt an einem warmen Ort 1 Stunde gehen lassen, bis sich das Volumen verdoppelt hat.

4. Für die Marzipanfüllung inzwischen die Marzipanrohmasse in kleine Stücke zupfen. Mit den Händen mit den Eiweißen verkneten, anschließend die gemahlenen Mandeln einarbeiten.

5. Den Teig auf einer bemehlten Arbeitsfläche zu einem etwa 30 x 40 cm großen Rechteck ausrollen. Die Füllung darauf verstreichen. Teig von der langen Seite her aufrollen. Die Rolle mit beiden Händen zu einem etwa 80 cm langen Strang rollen.Ein Backblech mit Backpapier oder einer Backmatte auslegen. Den Teigstrang auf dem Blech zu einer Brezel formen und abgedeckt 15 Minuten gehen lassen. Inzwischen den Backofen auf 180 °C Umluft vorheizen. Die Brezel auf der mittleren Schiene 15 Minuten backen, dann die Temperatur auf 160 °C reduzieren und weitere 20 bis 25 Minuten backen.

6. Die Brezel aus dem Ofen nehmen, noch warm mit etwas eingekochter Aprikosenkonfitüre (→ S. 31) bestreichen und trocknen lassen. Mit Zuckerguss bepinseln und mit Mandelblättchen bestreuen.

Arbeitszeit: **1 Std.**
Gehzeit: **ca. 75 Min.**
Backzeit: **40 Min.**
Für **1 Brezel mit 10–12 Stücken**

TIPP – Einfach variieren
Die Brezel kann auch mit einer Haselnussfüllung zubereitet werden. Dafür 200 g gemahlene Haselnüsse, 100 g weiche Butter und 80 g Puderzucker verkneten. Diese Mischung wie das Marzipan verarbeiten. Die Brezel mit gehobelten Haselnüssen garnieren.

Weckfiguren

Im Sauerland gibt es Stutenkerle jedes Jahr zu Nikolaus, im Rheinland zum Laternenumzug, da macht man im Sauerland süße Hefebrezeln, die wiederum gibts im Rheinland zu Silvester. Und um die Verwirrung noch größer zu machen: Diese Figuren schmecken zu jeder Jahreszeit, in jeder Form.

Für den Hefeteig
250 g Milch · 100 g Butter
½ Würfel Hefe (21 g) oder 1 Pck. Trockenhefe
500 g Weizenmehl Type 550 + Mehl zum Arbeiten
100 g Zucker · 1 TL Salz
abgeriebene Schale von ½ Bio-Zitrone

Außerdem
Rosinen oder andere Trockenfrüchte · 1 Ei

2 Backbleche
Backpapier oder Backmatte

1. Für den Hefeteig Milch und Butter in einem Topf auf etwa 37 °C erwärmen. Die Hefe hineinbröseln und unter Rühren darin auflösen. Mehl, Zucker, Salz und Zitronenschale in einer Schüssel mischen und eine Mulde hineindrücken. Die Hefemischung in die Mulde gießen und 5 Minuten abgedeckt stehen lassen. Anschließend alles 6 Minuten mit den Knethaken eines Handrührgeräts oder einer Küchenmaschine zu einem geschmeidigen Teig kneten.

2. Den Teig auf einer bemehlten Arbeitsfläche rund formen. Falls der Teig zu klebrig ist, noch etwas Mehl unterkneten. Abgedeckt an einem warmen Ort 1 Stunde zur doppelten Größe gehen lassen.

3. Den Teig auf einer bemehlten Arbeitsfläche zu einer dicken Rolle formen. Für große Weckfiguren vier gleich große Kugeln formen. Jede Kugel zu einer Rolle formen und etwas flachdrücken. Den Kopf durch Einkneifen des oberen Teils rundlich formen. Für die Arme im oberen Drittel zwei Schnitte (die Messerklinge vorher durch Mehl ziehen) setzen und zu Armen formen. Für die Beine einen Schnitt in der Mitte im unteren Drittel setzen. Daraus Beine formen. Wer mag, legt mit Rosinen oder anderen Trockenfrüchten ein Gesicht und Knöpfe.

4. Je 2 Figuren auf ein mit Backpapier oder einer Backmatte belegtes Backblech legen und abgedeckt 20 Minuten gehen lassen. Inzwischen den Backofen auf 175 °C Umluft vorheizen. Die Figuren mit dem verquirlten Ei bestreichen und beide Bleche zugleich im Ofen 20 bis 30 Minuten backen. Nach der Hälfte der Backzeit die Bleche tauschen. Falls die Figuren zu dunkel werden, die Temperatur etwas reduzieren. Herausnehmen und abkühlen lassen.

TIPP – Einfach variieren
Ihr könnt auch kleine Zöpfe flechten. Dazu den Teig in 12 Portionen teilen und zu Rollen formen. Jeweils 3 Stränge zu kleinen Zöpfen flechten. Wie in Schritt 6 beschrieben backen.

Arbeitszeit: **45 Min.**
Gehzeit: **ca. 80 Min.** | Backzeit: **30 Min.**
Für **4 Stück**

Apfelkuchen aus der Kastenform

Dieses Rezept habe ich mir für „Hier und heute" ausgedacht. Die Kombination aus Hefeteig und Apfel scheint vielleicht nicht neu, aber die Form ist besonders! Die einzelnen Teigschichten werden hochkant in die Form gestapelt.

Für den Hefeteig
1 x Grundrezept Hefeteig, wenn gewünscht vegan → S. 96 & 97

Für die Füllung
3–4 Äpfel (ca. 700 g)
50 g Butter oder vegane Margarine
3 EL Zimt-Zucker-Mischung

Außerdem
etwas Puderzucker
wer mag: Vanilleeis oder geschlagene Sahne

Kastenform ca. 20 x 11 x 7 cm

1. Den Hefeteig nach dem Grundrezept zubereiten und abgedeckt etwa 1 Stunde gehen lassen, bis sich das Volumen verdoppelt hat.

2. Für die Füllung die Äpfel schälen, vierteln, das Kerngehäse herausschneiden. Die Viertel in je vier Schnitze schneiden. Butter oder Margarine in einer Pfanne schmelzen und die Apfelstücke dazugeben. Mit 2 EL Zimt-Zucker bestreuen und bei mittlerer Hitze etwa 5 Minuten dünsten. Abkühlen lassen.

3. Den Teig auf einer bemehlten Fläche 40 x 40 cm groß ausrollen und in 16 bis 20 Quadrate schneiden. Abgekühlte Apfelstücke darauf verteilen.

4. Die Kastenform fetten, mehlieren und hochkant aufstellen. Die Quadrate aufeinander in die Form stapeln. Die Kastenform wieder quer aufstellen und ggf. die Teigplatten etwas zurechtrücken, damit sie die ganze Form ausfüllen. Falls Karamellsud aus der Pfanne übrig ist, darüberträufeln. Mit dem übrigen Zimt-Zucker bestreuen. Den Kuchen abgedeckt weitere 15 Minuten gehen lassen. Inzwischen den Backofen auf 180 °C Umluft vorheizen.

5. Auf der mittleren Schiene 40 bis 45 Minuten backen. Falls die Oberseite des Kuchens zu dunkel wird, die Temperatur etwas reduzieren und die Backzeit etwas verlängern. Aus dem Ofen nehmen, kurz in der Form abkühlen lassen, dann aus der Form lösen und mit Puderzucker bestreuen. Am besten lauwarm mit Vanilleeis essen. Am nächsten Tag schmeckt der Kuchen getoastet besonders gut.

TIPP – einfach variieren
Statt der Äpfel können auch Zwetschgen, Birnen, Pfirsiche oder Nüsse verwendet werden. Für eine Kastenform mit 26 cm Länge multipliziert ihr die Zutaten einfach mit 1,5.

Arbeitszeit: 1 Std.
Gehzeit: ca. 75 Min. | Backzeit: 40–45 Min.
Für 1 Kuchen mit ca. 8 Scheiben

Brioche

Brioche ist die noch edlere Form von Hefeteig, mehr Butter, mehr Eier und mehr Poren. Für das Aroma ist es wichtig, den Teig eine Nacht im Kühlschrank gehen zu lassen. In einem Restaurant, in dem ich arbeitete, ruhte der Briocheteig sogar zwei Nächte im Kühlhaus. Nach dem Backen war er besonders aromatisch.

Für den Hefeteig
100 ml Milch
15 g frische Hefe oder 5 g Trockenhefe
500 g Weizenmehl Type 550 + Mehl für die Arbeitsfläche
60 g Zucker
10 g Salz · 3 Eier
wer mag: abgeriebene Schale von ¼ Bio-Zitrone
150 g weiche Butter + Butter für die Form

Außerdem
1 Ei, verquirlt

Kastenform 30 x 11 x 8 cm
kleine Auflaufform

1. Die Hefe mit der Milch verrühren. Mehl, Zucker, Salz, Eier und Zitronenschale in einer Rührschüssel vermischen. Die Hefemilch dazugeben und alles mit den Knethaken eines Handrührgeräts oder einer Küchenmaschine 8 Minuten verkneten.

2. Die Butter in kleinen Stückchen nach und nach während des Knetens einarbeiten. Das nächste Stück Butter erst dazugeben, wenn der Teig das letzte Stück „aufgenommen" hat.

3. Den Hefeteig abgedeckt im Kühlschrank 12 bis 18 Stunden gehen lassen.

4. Den Teig aus dem Kühlschrank nehmen und 1 Stunde bei Raumtemperatur stehen lassen. Dann auf einer bemehlten Arbeitsfläche durchkneten.

5. Die Kastenform fetten und mehlieren. Den Teig in drei gleich große Portionen teilen und zu länglichen Kugeln formen. Die Kugeln in die Form setzen und mit dem verquirlten Ei verstreichen.

6. Eine kleine Auflaufform mit etwas Wasser auf den Boden des kalten Ofens stellen. Den Ofen auf 170 °C Umluft aufheizen. Dann die Brioche auf der mittleren Schiene etwa 30 Minuten backen. Die Auflaufform mit dem Wasser entfernen und dabei den Dampf aus dem Ofen entweichen lassen. Die Brioche weitere 30 Minuten backen.

TIPP – Einfach variieren
Am besten schmeckt die Brioche noch warm oder getoastet mit Butter und Erdbeerkonfitüre mit etwas Tonkabohne. Aber auch herzhaft lässt sie sich vielfältig belegen. Reste schmecken als Armer Ritter oder Scheiterhaufen von S. 114.

Arbeitszeit: **30 Min.**
Gehzeit: **12–18 Std.** | Backzeit: **1 Std.**
Für **1 Brioche mit 14–16 Scheiben**

Scheiterhaufen

Irgendetwas kann immer schiefgehen. Dieses Rezept ist für zu trockene, übrig gebliebene oder altbackene Gebäckstücke. Ich empfehle euch, gebackene Kuchenreste einzufrieren, zu sammeln und dann zum Scheiterhaufen zu veredeln. Oder: extra für den Scheiterhaufen etwas backen.

ca. 600 g altbackene süßliche Gebäckstücke oder Brot
200 ml Milch
200 g Sahne
3 Eier
80 g Zucker
1 TL Zimt
2 Prisen Salz
200 g dunkle Kuvertüre
2 EL Zimt-Zucker
Butter und Mehl für die Form

Kastenform 30 x 11 x 8 cm

1. Die Gebäckstücke mit einem Messer in etwa 1,5 cm große Würfel schneiden und in eine große Schüssel geben. Milch, Sahne, Eier, Zucker, Zimt und Salz in einer Schüssel verrühren.

2. Die Eiermilch über die Gebäckwürfel gießen, alles vorsichtig durchmischen, damit die Gebäckwürfel nicht zerdrückt werden. Der Scheiterhaufen soll später schön locker sein. 20 Minuten ziehen lassen. Inzwischen die Kuvertüre grob hacken. Den Backofen auf 180 °C Umluft vorheizen, die Kastenform fetten und mehlieren.

3. Die eingeweichten Gebäckstücke nochmals vorsichtig durchrühren. Die Kuvertürestücke untermischen. Die Mischung in die Form füllen und mit Zimt-Zucker bestreuen. Den Scheiterhaufen im Ofen auf der mittleren Schiene 50 bis 60 Minuten backen. Herausnehmen und in der Form etwa 30 Minuten abkühlen lassen.

4. Den Scheiterhaufen vorsichtig aus der Form stürzen. Am besten noch warm in Scheiben schneiden und mit Vanilleeis servieren. Oder am nächsten Tag getoastet genießen.

TIPP – Einfach variieren
Schön fluffig wird der Scheiterhaufen mit Hefegebäck, das Rezept funktioniert aber auch mit Blätterteig, Quark-Öl-Teig oder Croissants. Ihr mögt es fruchtig? Dann probiert anstatt der Kuvertüre einfach mal 250 g Apfelwürfel. Übrig gebliebene Mohn- oder Marzipanfüllung passt auch hervorragend in den Scheiterhaufen.

Arbeitszeit: **45 Min.**
Backzeit: **50–60 Min.** | Abkühlzeit: **30 Min.**
Für **1 Kuchen mit 14–16 Scheiben**

Quark-Öl-Teig

Diese Teigsorte kann es absolut mit Hefeteigen aufnehmen, geschmacklich sowieso. Und der größte Vorteil: Der Teig muss nicht gehen und kann sofort verarbeitet werden!

Quark-Öl-Teige

Quark-Öl-Teig

Für ca. 870 g
380 g Mehl + Mehl für die Arbeitsfläche
10 g Backpulver
50 g Zucker
Salz
130 g Magerquark
100 ml Milch
150 ml Öl
1 Ei

1. Mehl, Backpulver, Zucker und 3 Prisen Salz in einer Schüssel mischen. Quark, Milch, Öl und Ei dazugeben und alle Zutaten mit einer Küchenmaschine oder den Knethaken eines Handrührgeräts zügig zu einem Teig verkneten.

2. Den Teig auf einer bemehlten Arbeitsfläche wie gewünscht weiterverarbeiten. Beim Ausrollen immer wieder drehen und bewegen. Falls der Teig zu klebrig ist, noch etwas Mehl unterkneten. Falls der Teig sich nicht ausrollen lässt und sich immer wieder zusammenzieht, zum Entspannen abgedeckt etwa 10 Minuten ruhen lassen.

TIPP – Richtig aufbewahren
Ähnlich wie der Hefeteig schmeckt der Quark-Öl-Teig frisch am besten. Die fertig gebackenen Gebäcke lassen sich trotzdem gut verpackt 2 bis 3 Tage im Kühlschrank aufbewahren oder bis zu 8 Wochen einfrieren. Zum „Frischmachen“ einfach toasten oder kurz im Backofen anbacken.

Quark-Öl-Teig lässt sich schnell herstellen und weiterverarbeiten, mit einem saftigen, fluffigen Ergebnis. Dafür sorgt Backpulver. Diese Art von Teig sollte man trotz Ähnlichkeiten bei der Verarbeitung nicht mit einem Hefeteig verwechseln: Quark-Öl-Teig ist etwas klebriger und nicht so dehnbar.

„Quark"-Öl-Teig vegan

Für ca. 520 g
125 g Sojajoghurt
25 ml Sojadrink
50 ml Öl
30 g Zucker
30 g Vanillezucker
3 g Salz
250 g Mehl + Mehl für die Arbeitsfläche
10 g Backpulver

1. Sojaghurt, Sojadrink, Öl, Zucker, Vanillezucker und Salz in einer Schüssel vermischen. Mehl und Backpulver mischen und zu der flüssigen Mischung geben. Alle Zutaten mit einer Küchenmaschine oder den Knethaken eines Handrührgeräts zügig zu einem Teig verkneten.

2. Den Teig auf einer bemehlten Arbeitsfläche wie gewünscht weiterverarbeiten. Beim Ausrollen immer wieder drehen und bewegen. Falls der Teig zu klebrig ist, noch etwas Mehl unterkneten. Falls der Teig sich nicht ausrollen lässt und sich immer wieder zusammenzieht, abgedeckt etwa 10 Minuten ruhen lassen.

VARIATIONEN

Der Basisteig lässt sich gut aromatisieren, z. B. mit:

- Vanillemark oder -paste
- Zironen-, Limetten- oder Orangenschale
- frisch geriebener Tonkabohne
- Ingwer, frisch gerieben oder als Pulver
- Kräutern wie Thymian, Rosmarin, Lavendel (→ Tipp „Variationen" S. 57)

Apfeltarte mit Ingwer

Diese Apfeltarte ist ruckzuck gemacht und kommt ganz ohne zusätzlich zubereitete Füllung aus. Ingwer, Mandelblättchen, Äpfel in zwei Konsistenzen – mehr braucht es nicht! Dieses Rezept schmeckt vegan oder klassisch.

Für die Füllung
400 g Äpfel (z. B. Boskop, Jonagold, Elstar, Welland)
30 g Butter oder vegane Margarine
4 TL Zimt-Zucker

Für den Teig
½ Grundrezept klassischer oder 1 Grundrezept veganer Quark-Öl-Teig → S. 118 & 119

Außerdem
Mehl für die Arbeitsfläche
3 EL Aprikosenkonfitüre
50 g geröstete Mandelblättchen
1 walnussgroßes Stück Ingwer

Backblech
Backpapier oder Backmatte

1. Für die Füllung die Äpfel schälen und vierteln. Kerngehäuse entfernen. 1 Apfel in etwa 5 mm große Würfel schneiden. Die Butter oder Margarine in einer Pfanne schmelzen und die Apfelwürfel dazugeben. Mit 2 TL Zimt-Zucker bestreuen und etwa 4 Minuten dünsten. Abkühlen lassen. Die anderen Äpfel in dünne Scheiben schneiden.

2. Den Teig nach Grundrezept zubereiten, auf einer bemehlten Arbeitsfläche zu einem Kreis mit etwa 26 cm Durchmesser ausrollen. Auf ein mit Backpapier oder einer Backmatte belegtes Backblech geben.

3. Den Backofen auf 190 °C Ober-/Unterhitze vorheizen. Die abgekühlten Apfelwürfel auf dem Teig verteilen, dabei am Rand rundherum genug Platz lassen, da dieser später umgeklappt wird. Die Apfelscheiben fächerförmig darauflegen. Den Teigrand umklappen.

4. Die Äpfel und auch den Rand mit den übrigen 2 TL Zimt-Zucker bestreuen. Die Tarte im Ofen auf der mittleren Schiene etwa 25 Minuten backen.

5. Die Aprikosenkonfitüre mit 1 EL Wasser etwa 1 Minute einkochen. Die Tarte aus dem Ofen nehmen und die Äpfel und den Teigrand noch warm mit Aprikosenkonfitüre bestreichen. Den Rand mit Mandelblättchen bestreuen.

6. Kurz vor dem Servieren den Ingwer schälen, fein reiben und über der Tarte verteilen.

TIPP – Einfach variieren
Die Tarte schmeckt auch mit Birnen, Zwetschgen, Pflaumen, Pfirsichen, Nektarinen oder Rhabarber. Dabei wie bei den Äpfeln eine Hälfte dünsten, den Rest in Scheiben oder Spalten schneiden.

Arbeitszeit: 30 Min.
Backzeit: 25 Min.
Für 1 Tarte mit 6–8 Stücken

Mini-Pfirsich-Tarte-Tatins

Diese kleinen Küchlein sehen nicht nur toll aus, sie schmecken auch so. Ich empfehle euch, die Pfirsiche zu häuten, die Haut wird sonst beim Backen sehr ledrig, und das wäre schade.

Für die Tartes
6 reife kleine Pfirsiche (damit sie in die Muffinmulden passen) · 1 Zweig Rosmarin
250 g Mehl
125 g Sojaghurt · 25 ml Sojadrink
25 ml Öl · 25 ml Olivenöl
30 g Zucker · 30 g Vanillezucker
3 g Salz · 1 TL Vanillearoma
abgeriebene Schale von ¼ Bio-Zitrone
10 g Backpulver

Für den Karamell
150 g Zucker · 50 g vegane Margarine
2 Zweige Rosmarin · 3 Prisen Fleur de Sel

Außerdem
vegane Margarine + Mehl für das Blech

Muffinblech mit 12 Mulden
Ausstecher oder Tasse mit 9 cm ø

1. Für die Tartes die Pfirsiche oben und unten kreuzweise leicht einschneiden. In kochendem Wasser kurz blanchieren, dann kalt abschrecken. Die Haut mit einem Messer abziehen. Die Pfirsiche halbieren und vom Stein befreien. Die Mulden des Muffinblechs mit Margarine fetten und mehlieren.

2. Für den Karamell den Zucker mit 50 ml Wasser bernsteinfarben karamellisieren. Dabei den Topf schwenken, nicht rühren. Wenn die gewünschte Farbe erreicht ist, Margarine und Rosmarin dazugeben. Schwenken, bis sich Karamell und Margarine verbunden haben. Zum Schluss das Salz dazugeben.

3. Für die Tartes die Rosmarinnadeln abzupfen. Mit 70 g Mehl mischen und in einem Mixer sehr fein mahlen. Die Mischung zum übrigen Mehl geben. Sojaghurt, Sojadrink, Öl, Zucker, Vanillezucker und Salz sowie Vanille und Zitronenschale in einer Schüssel vermischen. Mehl und Backpulver mischen und zur flüssigen Mischung geben. Die Zutaten mit einem Handrührgerät oder einer Küchenmaschine zügig zu einem Teig verkneten.

4. Den Teig auf einer bemehlten Arbeitsfläche ausrollen und 12 Kreise mit etwa 9 cm Durchmesser ausstechen. Den Backofen auf 190 °C Ober-/Unterhitze vorheizen.

5. Den Karamell in die Mulden gießen. Die Pfirsichhälften darauflegen, mit den Teigkreisen bedecken und diese am Rand herunterdrücken. Die Törtchen im Ofen auf der mittleren Schiene etwa 25 Minuten backen. Herausnehmen und 15 Minuten abkühlen lassen. Stürzen und noch warm mit Vanilleeis oder veganer Schlagcreme servieren.

Arbeitszeit: **45 Min.**
Backzeit: **25 Min.** | Abkühlzeit: **15 Min.**
Für **12 Stück**

TIPP – Einfach variieren

Wer es nicht vegan mag, verwendet Butter für den Karamell und bereitet den klassischen Quark-Öl-Teig von Seite 118 zu. Dabei Rosmarin mit Mehl verarbeiten wie im Rezept beschrieben. Anstatt Rosmarin könnt ihr auch Thymian, Estragon oder Lavendel verwenden.

Donuts

Ob Zuckerguss, Schokoladenglasur oder einfach in Zimt-Zucker gewälzt – diese Donuts sind eine Wucht. Anstatt mit Hefeteig werden sie aus klassischem oder veganem Quark-Öl-Teig zubereitet, so erspart ihr euch lange Gehzeiten und könnt die Donuts noch schneller essen.

Für den Teig
1x Grundrezept klassischer oder veganer Quark-Öl-Teig → S. 118 & 119

Außerdem
Mehl für die Arbeitsfläche
Zucker oder Glasur nach Wahl (z.B. Zuckerguss oder Schokoladenglasur → S. 30 & 31)

Topf mit Frittierfett oder Fritteuse
Ausstecher mit 10 cm und 2–3 cm ø

1. Für den Teig den klassischen oder veganen „Quark"-Öl-Teig nach dem Grundrezept zubereiten. Den Teig auf einer bemehlten Arbeitsfläche 1,5 bis 2 cm dick ausrollen.

2. Mit einem runden Ausstecher oder einem Glas Kreise mit 10 cm Durchmesser ausstechen. Mit einem kleinen Ausstecher (2–3 cm Durchmesser) in der Mitte jedes Teigkreises einen kleinen Kreis ausstechen. Den restlichen Teig verkneten, erneut ausrollen und ausstechen, bis kein Teig mehr übrig ist.

3. Zum Frittieren das Fett auf etwa 170 °C erhitzen (→ S. 9). Es ist heiß genug, wenn an einem hineingehaltenen Holzkochlöffel Bläschen aufsteigen. Ein Abtropfgitter mit Küchenpapier bereitstellen.

4. Die Teiglinge vorsichtig in das Frittierfett geben und von jeder Seite etwa 4 Minuten ausbacken. Nicht zu viele Donuts auf einmal ins Fett geben, sonst wird es zu eng im Topf und die Temperatur des Fettes sinkt zu schnell ab, sodass sich der Teig mit zu viel Fett vollsaugt. Die ausgebackenen Donuts mit einem Schaumlöffel herausheben und auf dem Gitter mit Küchenpapier abtropfen lassen.

5. Zum Verzieren den Zucker in einen flachen Teller füllen und die noch warmen Donuts darin wälzen. Alternativ die Donuts vollständig abkühlen lassen und anschließend in die gewünschte Glasur tunken und mit Streuseln garnieren.

TIPP – Einfach variieren
Donuts müssen nicht immer rund sein, ihr könnt sie ausstechen wie ihr möchtet. Ob bunter Zuckerguss, bunte Zuckerperlen oder Füllung aus fruchtiger Konfitüre, mit diesem Teig schmeckt eigentlich alles.

Arbeitszeit: 50 Min.
Backzeit: 8 Min. pro Portion
Abkühlzeit: 20 Min.
Für 8–10 Stück

Puddingbrezeln

Eigentlich werden Puddingbrezeln aus Plunderteig gemacht, dieses Rezept ist aber deutlich einfacher nachzumachen und mindestens genauso lecker. Von meinem besten Freund Andrès werden die köstlichen Brezeln „Eiterbrille" genannt, kann man machen, muss man aber nicht.

Für die Füllung
2 x Grundrezept Vanillecreme → S. 64

Für die Streusel
½ Grundrezept klassische Streusel → S. 42

Für den Boden
1 x Grundrezept Quark-Öl-Teig → S. 118

Außerdem
Mehl für die Arbeitsfläche
1 x Grundrezept Zuckerguss → S. 30

1–2 Backbleche
Backpapier oder 1–2 Backmatten
optional Spritzbeutel

1. **Für die Füllung** zuerst die Vanillecreme nach dem Grundrezept zubereiten und abkühlen lassen.

2. **Für die Streusel** die halbe Portion vom Streuselrezept zubereiten und ebenfalls kalt stellen.

3. **Für den Boden** den Quark-Öl-Teig nach Grundrezept zubereiten und mit ausreichend Mehl auf der Arbeitsfläche zu einem etwa 30 x 40 cm großem Rechteck ausrollen. Überprüfen, ob der Teig nicht auf der Arbeitsfläche klebt, ansonsten lösen.

4. Den Backofen auf 180 °C Umluft vorheizen. Wer zwei Backbleche hat, legt beide Bleche mit Backmatten oder Backpapier aus und bäckt die Brezeln gleichzeitig. Ansonsten einfach nacheinander auf der mittleren Schiene backen.

5. Das Teigrechteck horizontal in 2 bis 3 cm breite 10 bis 12 Streifen schneiden und jeden Streifen zu einer Kordel drehen. Die Kordeln zu Brezeln formen und diese mit ausreichend Abstand auf dem Backblech verteilen.

6. Die Löcher der Brezeln mit Streuseln füllen und etwas flach drücken. Die Vanillecreme in einen Spritzbeutel füllen und auf die Streusel spritzen oder mit einem Löffel auftragen (falls Creme übrig bleibt, anderweitig verwenden).

7. Die Brezeln im Ofen etwa 15 Minuten backen. Während der Backzeit prüfen, ob sie zu dunkel werden, ggf. die Bleche im Ofen drehen. Bei 160 °C weitere 5 Minuten backen.

8. Die Puddingbrezeln etwas abkühlen lassen und mit Zuckerguss bestreichen.

Arbeitszeit: 45 Min.
Backzeit: 20 Min. | Kühlzeit: mind. 2 Std.
Für 10–12 Stück

Monkeybread mit Früchten

Diese Teigkugeln haben es in sich. Mit Zwetschgen, Äpfeln oder Beeren gefüllt – und das Beste – in Vanillesauce eingetaucht. Einfach das ganze Blech auf den Tisch stellen und jeder kann sich Teigkugeln abzupfen. Statt Vanillesauce schmeckt auch Vanilleeis dazu.

Für die Vanillesauce
250 ml Milch
250 g Sahne
4 Eigelb
60 g Zucker
Mark von 1 Vanilleschote oder 2 TL Vanillepaste
3 Prisen Salz

Für die Füllung
400 g Zwetschgen (mit Stein gewogen)
40 g Butter
½ TL Zimtpulver
2 TL Zimt-Zucker

Für den Teig
1 x Grundrezept Quark-Öl-Teig → S. 118

Backblech
Backpapier

1. Für die Vanillesauce alle Zutaten in einen Topf geben und bei mittlerer Hitze unter ständigem Rühren (auch auf dem Topfboden) auf etwa 75 °C erhitzen. Die Sauce durch ein Küchensieb gießen und etwas abkühlen lassen. Als Alternative fertiges Vanillepuddingpulver zubereiten und mit etwas flüssiger Sahne bis zur gewünschten Konsistenz verdünnen.

2. Für die Füllung die Zwetschgen waschen und halbieren, die Steine entfernen und die Zwetschgenhälften nochmal halbieren. Die Butter in einer Pfanne schmelzen und die Zwetschgenstücke mit dem Zimt darin etwa 4 Minuten dünsten. Anschließend abkühlen lassen.

3. Den Quark-Öl-Teig wie im Grundrezept beschrieben zubereiten.

4. Den Backofen auf 190 °C Ober-/Unterhitze vorheizen. Den Teig in 20 bis 25 unterschiedlich große Portionen aufteilen. Jeweils 1 Zwetschgenstück mit 1 Teigportion umhüllen und rund formen. Die Bällchen auf ein mit Backpapier ausgelegtes Backblech legen und mit dem Zimt-Zucker bestreuen. Anschließend 25 bis 30 Minuten auf der mittleren Schiene backen.

5. Das Monkeybread noch warm mit Vanillesauce oder Vanilleeis servieren.

TIPP – Einfach variieren
Schmeckt auch mit 400 g Äpfeln oder Beeren: Dazu Äpfel vierteln, Kerngehäuse entfernen und die Viertel etwa 2 cm groß würfeln. Wie die Zwetschgen dünsten. Beeren werden nicht gegart, sondern kalt mit dem Zimt gemischt.

Arbeitszeit: **1 Std.**
Backzeit: **25–30 Min.**
Für **1 Blech mit 20–25 Stücken**

Zitronen-Mohn-Schnecken

Wenn man auf fertige Mohnfüllung aus dem Supermarkt zurückgreift, sind diese Schnecken blitzschnell gemacht. Die ist übrigens meistens vegan. Für eine komplett vegane Variante einfach das vegane Grundrezept für den Teig zubereiten. Unwiderstehlich mit etwas eingekochter Aprikosenkonfitüre und Zuckerguss!

Für die Füllung
1 x Mohnfüllung (→ Mohn-Käsekuchen S. 85), alternativ 250 g Mohnfüllung aus dem Supermarkt

Für den Teig
1 x Grundrezept klassischer oder veganer Quark-Öl-Teig → S. 118
abgeriebene Schale von 1 Bio-Zitrone

Außerdem
50 g Aprikosenkonfitüre
1 x Grundrezept Zuckerguss → S. 30
feine Zesten von 1 Bio-Zitrone

2 Backbleche
Backpapier oder 2 Backmatten

1. **Für die Füllung** – falls ihr sie selber machen möchtet – die Mohnfüllung wie auf Seite 85 beschrieben zubereiten.

2. **Für den Teig** den Quark-Öl-Teig nach dem Grundrezept zubereiten, dabei zusätzlich die Zitronenschale mit in den Teig geben.

3. Den Teig zu einem etwa 30 x 40 cm großen Rechteck ausrollen und 250 g Mohnfüllung darauf verstreichen. Falls Mohnfüllung übrig bleibt, diese anderweitig verwenden oder einfrieren.

4. Den Backofen auf 180 °C Umluft vorheizen. Den Teig von der längeren Seite straff aufrollen. Die Rolle in 12 gleich dicke Scheiben schneiden.

5. Jeweils 6 Schnecken mit ausreichend Abstand auf ein mit einer Backmatte oder Backpapier ausgelegtes Blech legen. Die restlichen Schnecken danach backen oder auf ein zweites Backblech legen. Im Ofen auf der mittleren Schiene 17 bis 23 Minuten backen. Komplett abkühlen lassen.

6. Die Aprikosenkonfitüre mit 2 EL Wasser mischen und etwa 40 Sekunden einkochen lassen. Die Mohnschnecken damit bepinseln. Den Zuckerguss nach dem Grundrezept zubereiten und ebenfalls auf die Schnecken pinseln. Zum Schluss mit einigen Zitronenzesten garnieren.

TIPP – Einfach variieren
Anstatt mit Zitronenschale schmecken diese Schnecken auch mit Orangenschale. Wer es noch fruchtiger mag: Aprikosen- oder Pfirsichstückchen auf der ausgestrichenen Mohnfüllung verteilen und mit einrollen.

Arbeitszeit: **30 Min.**
Backzeit: **17–23 Min.** | Abkühlzeit: **mind. 30 Min.**
Fur **12 Stück**

Biskuitteig

Luftig und leicht –
und so wandelbar!
Ob klassisch oder nicht:
Biskuit geht immer, in
allen Varianten!

Biskuitteige

Heller Biskuit

Für 1 Springform 26 cm ø oder 1 Backblech
6 Eier
3 Prisen Salz
180 g Zucker
190 g Mehl
50 g Speisestärke
½ TL Backpulver

1. Den Backofen auf 190 °C Ober-/Unterhitze vorheizen. Den Boden der Form mit Backpapier auslegen. Die Eier trennen. Die Eiweiße in einer sauberen (fettfreien!) Schüssel mit dem Salz steif schlagen, dabei die Hälfte des Zuckers einrieseln lassen. Die Eigelbe mit 3 EL warmem Wasser und dem restlichen Zucker schaumig aufschlagen.

2. Mehl, Speisestärke und Backpulver mischen und in das aufgeschlagene Eigelb sieben. Alle Zutaten zu einer homogenen Masse vermischen, falls sich die Zutaten nicht verbinden, etwas geschlagenes Eiweiß dazugeben. Zuletzt den Eischnee mit einem Teigschaber vorsichtig unterheben, dabei nicht zu viel rühren, sondern mit Gefühl mischen.

3. Den Teig in die gewünschte Form füllen, vorsichtig glatt streichen und je nach Teighöhe im Ofen auf der mittleren Schiene 12 bis 25 Minuten backen. Den Ofen während der Backzeit nicht öffnen. Den Biskuit nach dem Backen kurz in der Form abkühlen lassen, dann aus der Form lösen und vor der Weiterverwendung komplett auskühlen lassen.

Diese luftige Teigsorte ist so vielseitig und die Grundlage vieler besonderer Torten. Die Form für einen Biskuitboden muss nicht eingefettet werden, so kann der Teig am Rand hochklettern und sich mit viel Volumen entfalten. Den Backofen vor dem Backen unbedingt vorheizen.

Nussbiskuit

Für 1 Springform 26 cm ø oder 1 Backblech
6 Eier
3 Prisen Salz
120 g Zucker
100 g Mehl
80 g gemahlene Haselnüsse oder Mandeln
½ TL Backpulver
100 g fein gehackte dunkle Kuvertüre

1. Den Backofen auf 190 °C Ober-/Unterhitze vorheizen. Den Boden der Form mit Backpapier auslegen. Die Eier trennen. Die Eiweiße in einer sauberen (fettfreien!) Schüssel mit dem Salz steif schlagen, dabei die Hälfte des Zuckers einrieseln lassen. Die Eigelbe mit 3 EL warmem Wasser und dem restlichen Zucker schaumig aufschlagen.

2. Mehl und Backpulver mischen und in das Eigelb sieben. Mit Haselnüssen oder Mandeln zu einer homogenen Masse vermischen. Zuletzt den Eischnee vorsichtig unterheben. Ganz zum Schluss die fein gehackte Kuvertüre unterheben.

3. Den Teig in die Form füllen, glatt streichen und im Ofen auf der mittleren Schiene je nach Teighöhe 12 bis 25 Minuten backen. Den Ofen während der Backzeit nicht öffnen. Den Biskuit nach dem Backen kurz in der Form auskühlen lassen, dann aus der Form lösen. Vor der Weiterverwendung komplett auskühlen lassen.

Schokoladenbiskuit

Für 1 Springform 26 cm ø oder 1 Backblech
6 Eier
3 Prisen Salz
160 g Zucker
130 g Mehl
20 g Speisestärke
60 g Kakaopulver
½ TL Backpulver

1. Den Backofen auf 190 °C Ober-/Unterhitze vorheizen. Den Boden der Form mit Backpapier auslegen. Die Eier trennen. Die Eiweiße in einer sauberen (fettfreien!) Schüssel mit dem Salz steif schlagen, dabei die Hälfte des Zuckers einrieseln lassen. Die Eigelbe mit 3 EL warmem Wasser und dem restlichen Zucker schaumig aufschlagen.

2. Mehl, Speisestärke, Kakaopulver und Backpulver mischen und in das aufgeschlagene Eigelb sieben. Alle Zutaten zu einer homogenen Masse vermischen. Zuletzt den Eischnee vorsichtig unterheben.

3. Den Teig in die Form füllen, glatt streichen und im Ofen auf der mittleren Schiene je nach Teighöhe 12 bis 25 Minuten backen. Den Ofen während der Backzeit nicht öffnen. Den Biskuit nach dem Backen kurz in der Form abkühlen lassen, dann aus der Form lösen. Vor der Weiterverwendung komplett auskühlen lassen.

Käse-Sahne-Torte

Ich kenne wirklich niemanden, der Käse-Sahne-Torte nicht mag. Biskuit, Quark und Dosenmandarinen, -pfirsiche, oder -aprikosen sind einfach füreinander gemacht. Die Torte schmeckt im Sommer auch mit frischen Beeren.

Für den Teig
1 x Grundrezept heller Biskuit → S. 134

Für die Füllung
Mandarinen aus der Dose (175 g Abtropfgewicht)
400 g kalte Sahne
8 g Agar-Agar oder 6 Blatt Gelatine
40 g Zucker
500 g Magerquark
abgeriebene Schale von ½ Bio-Zitrone
Mark von ½ Vanilleschote oder
1 TL Vanillepaste

Außerdem
Puderzucker

Springform 26 cm ø
Backpapier

1. **Für den Teig** den Biskuitboden nach dem Grundrezept zubereiten und komplett auskühlen lassen.

2. **Für die Füllung** die Mandarinen abgießen. 100 g Sahne in einen kleinen Topf geben und Agar-Agar oder Gelatine darin auflösen (→ S. 16).

3. Die restliche Sahne aufschlagen, dabei den Zucker einrieseln lassen. Den Magerquark in einer Schüssel glatt rühren. Die warme Sahnemischung mit dem Geliermittel nach und nach mit dem Quark verrühren: Dazu zuerst etwas vom Quark mit dem Geliermittel mischen, dann diese Mischung mit dem restlichen Quark verrühren. Das nennt man auch angleichen, durch das schrittweise Anpassen der Temperatur werden Klümpchen verhindert.

4. Zitronenschale und Vanille unter den Quark rühren. Anschließend vorsichtig die geschlagene Sahne unterheben und zum Schluss die Mandarinen unterziehen.

5. Den komplett ausgekühlten Biskuitboden einmal in der Mitte durchschneiden (→ S. 10). Den unteren Boden in den gereinigten Ring legen. Dann die Sahne-Quark-Creme darauf verteilen und glatt streichen. Den zweiten Biskuitboden darauflegen und vorsichtig andrücken. Die Torte mindestens 4 Stunden, besser über Nacht, kalt stellen.

6. Die Torte zum Servieren noch mit etwas Puderzucker bestreuen.

Arbeitszeit: 45 Min.
Backzeit: 25 Min.
Ruhezeit: mind. 4 Std., besser über Nacht
Für 1 Torte mit 12–14 Stücken

Schokoladen-Nuss-Torte

Diese Torte sieht zwar nach einem Schokoladenschock aus, aber für meinen Geschmack ist sie genau das Richtige. Die gebrannten Haselnüsse sind eine spannende Option, die für Knusprigkeit und Geschmack sorgt. Wer sich diesen Schritt sparen will, kann auf fertigen Haselnusskrokant zurückgreifen.

Für den Teig
½ Grundrezept Nussbiskuit → S. 135

Für die Creme
200 g dunkle Kuvertüre
600 g Sahne

Für die gebrannten Nüsse
100 g Zucker
wer mag: 3 Prisen Zimt oder etwas Vanille
100 g Haselnusskerne

Für die Ganache
100 g dunkle Kuvertüre
150 g Sahne

Springform 26 cm ø
Backpapier

1. Für die Creme die dunkle Kuvertüre klein hacken und in eine hitzebeständige Schüssel füllen. Die Sahne aufkochen und über die Kuvertüre gießen. Die Kuvertüre etwa 1 Minute anschmelzen lassen, dann von der Mitte aus nach außen rühren, bis die Kuvertüre geschmolzen ist und sich mit der Sahne verbunden hat. Mindestens 3 Stunden kalt stellen, besser über Nacht.

2. Für den Boden den Nussbiskuit wie im Grundrezept beschrieben zubereiten, die Backzeit halbiert sich ungefähr. Vollständig auskühlen lassen.

3. Den Biskuit aus dem Ring lösen, den Ring reinigen. Den Biskuit mit der glatten Unterseite nach oben zurück in den Ring legen. Die durchgekühlte Schokoladensahne für die Creme mit den Quirlen des Handrührgerätes kräftig aufschlagen. Die aufgeschlagene Creme auf dem Boden verstreichen. Die Torte nun mindestens 1 Stunde kalt stellen.

4. Für die gebrannten Haselnüsse einen Backpapierabschnitt auf einer Arbeitsfläche bereitlegen. Zucker mit 50 ml Wasser und Zimt oder Vanille in einer Pfanne aufkochen, dabei auf keinen Fall umrühren. Sobald sich der Zucker gelöst hat, die Nüsse dazugeben und unter Rühren mit einem Holzlöffel bei mittlerer Hitze kochen, bis der Zucker karamellisiert und alle Nüsse mit einer Karamellschicht umhüllt sind. Die Nüsse auf dem Backpapier ausbreiten und mit dem Holzlöffel trennen (Vorsicht, heiß!). Nach dem Abkühlen grob hacken.

5. Für die Ganache Kuvertüre und Sahne verarbeiten und schmelzen wie in Schritt 1 für die Creme beschrieben. Etwas abkühlen lassen, dann auf der Torte verteilen. Mindestens 2 Stunden kalt stellen.

6. Die Torte aus dem Ring lösen (→ S. 10) und mit den gebrannten Haselnüssen garnieren.

Arbeitszeit: **2 Std.**
Backzeit: **12 Min.**
Ruhezeit: **mind. 6 Std., besser über Nacht**
Für 1 **Torte mit 12–14 Stücken**

Schwarzwälder Kirschtorte

Vor langer Zeit bestellte ich eine Schwarzwälder Kirschtorte. Sie wurde lieblos in Papier gewickelt. Ich wusste damals noch nicht, dass ich Konditorin werden will, aber dass man eine Torte für den Transport nicht so behandelt, war mir klar.

Für die Kirschen
1 Glas Kirschen (350 g Abtropfgewicht)
30 g Speisestärke
¼ TL Zimtpulver
wer mag: 20 ml Kirschwasser

Für den Boden
1 x Grundrezept Schokoladenbiskuit → S. 135

Für die Sahnefüllung
1 kg kalte Sahne
9 g Agar-Agar oder 7 Blatt Gelatine
60 g Zucker
90–120 ml Kirschwasser

Für die Deko
12–14 Belegkirschen
70 g Schokoladenraspel (→ Tipp)

Springform 26 cm ø
Backpapier

1. **Für die Kirschen** die Kirschen abtropfen lassen und die Flüssigkeit in einem Topf auffangen. Die Speisestärke mit etwas Kirschsaft anrühren. Den restlichen Kirschsaft mit dem Zimt zum Kochen bringen und die angerührte Stärke einrühren. Etwa 1 Minute unter ständigem Rühren kochen, bis die Flüssigkeit bindet. Die Kirschen dazugeben und vorsichtig unterrühren. Abkühlen lassen. Wer mag, verfeinert die abgekühlten Kirschen zusätzlich mit 20 ml Kirschwasser.

2. **Für den Boden** Schokoladenbiskuit nach Grundrezept zubereiten. Komplett auskühlen lassen.

3. **Für die Sahnefüllung** 150 g Sahne in einen kleinen Topf geben und Agar-Agar oder Gelatine darin auflösen (→ S. 16). Falls die Sahne mit Agar-Agar aufgekocht wurde, etwa 20 Minuten kalt stellen. Die Restliche Sahne mit dem Zucker aufschlagen und unter die Agar-Agar- bzw. Gelatinemischung heben. Mit 30 ml Kirschwasser abschmecken.

4. Den vollständig ausgekühlten Biskuit zweimal horizontal durchschneiden (→ S. 10), sodass drei Tortenböden entstehen.

5. **Zum Zusammensetzen der Torte** einen der Böden in den gereinigten Ring legen. Den Boden im Ring mit etwa 30 ml Kirschwasser bepinseln und mit den Kirschen belegen, dabei am Rand rundherum etwa 1 cm frei lassen.

6. Etwa 300 g Sahne auf die Kirschen geben, glatt streichen und den zweiten Biskuitboden auflegen, vorsichtig andrücken. Mit dem restlichen Kirschwasser bepinseln. Weitere 300 g Sahne auf den Biskuit streichen. Die Restliche Sahne kalt stellen. Den letzten Biskuit auflegen. Mindestens 4 Stunden, besser über Nacht, kalt stellen.

7. Die Torte aus dem Ring lösen (→ S. 10) und rundum mit der restlichen Sahne einstreichen. Die Torte vor dem Servieren wie gewünscht dekorieren, beispielsweise mit Sahnetupfen, Belegkirschen und Schokoladenraspeln.

TIPP –

Schokoladenraspel & doppelter Boden

Schokoladenraspel lassen sich ganz einfach selber herstellen: Eine Tafel dunkle Schokolade für ein paar Minuten in den Kühlschrank legen und entlang der langen Seite mit einem Sparschäler abschälen.
Wer mag, kann zusätzlich einen Mürbeteig mit 26 cm Durchmesser backen und mit etwas geschmolzener Kuvertüre den unteren Biskuitboden darauf „ankleben".

Arbeitszeit: 1 Std.
Backzeit: 25 Min.
Ruhezeit: mind. 4 Std., besser über Nacht
Für 1 Torte mit 12–14 Stücken

Festtagstorte

Die Torte mit Vanillebuttercreme kann in allen Größen und Variationen gemacht werden, die euch gefallen. Und auch bei den Geschmackskreationen (z. B. mit Orangenabrieb im Teig) solltet ihr eurer Fantasie keine Grenzen setzen.

Für den Teig
2 x Grundrezept heller Biskuit → S. 134

Für die Buttercreme
2 x Grundrezept Vanillecreme → S. 64
350 g zimmerwarme Butter

Außerdem
200 g Konfitüre nach Wahl

Springform 20 und 26 cm ⌀
Backpapier · Holzspieß

1. Für den Teig Biskuit nach Grundrezept zubereiten. Die Böden der Springformen mit Backpapier bespannen. Ein Drittel der Biskuitmasse im 20-cm-Ring und zwei Drittel der Masse im 26-cm-Ring backen. Die Formen können nebeneinander in den Ofen, die Backzeit der kleinen Form ist etwas kürzer, nach 20 Minuten Stäbchenprobe machen. Die Böden unbedingt vollständig auskühlen lassen.

2. Für die Buttercreme die Vanillecreme nach dem Grundrezept zubereiten und vollständig auskühlen lassen. Die Böden und die Vanillecreme also am besten einen Tag vorher zubereiten. Die Vanillecreme muss trotzdem vor Verwendung Raumtemperatur haben, also rechtzeitig vor der Weiterverarbeitung aus dem Kühlschrank nehmen.

3. Die Böden aus den Ringen lösen, Ringe säubern. Die Böden zweimal horizontal durchschneiden, sodass drei Tortenböden entstehen (→ S. 10).

4. Zum Fertigstellen der Buttercreme Butter hell aufschlagen, nach und nach 800 g der zimmerwarmen Vanillecreme dazugeben und mit aufschlagen. Die restliche Vanillecreme anderweitig verwenden.

5. Zum Füllen der Torte einen der großen Biskuitböden in den zuvor gesäuberten Ring der Springform legen. Den Boden mit etwa 30 g Konfitüre bestreichen, dann etwa 100 g der Buttercreme (je nach gewünschter Dicke der Schicht) darauf verteilen. Den zweiten Boden auflegen, wieder mit einer Schicht Konfitüre und Creme bestreichen. darauf den dritten Boden legen und leicht festdrücken. So auch bei dem kleineren Boden verfahren, mit jeweils etwa 15 g Konfitüre und 50 g Buttercreme. Die restliche Buttercreme kalt stellen.

6. Zum Zusammensetzen der Torte je einen großen Teller auf die Ringe legen und die Böden umdrehen. So mindestens 4 Stunden kalt stellen. Anschließend wieder umdrehen und die Torten aus der Form lösen (→ S. 10). Die Buttercreme wieder geschmeidig schlagen, dafür leicht erwärmen. Die Torten oben und an den Seiten mit Creme einstreichen und aufeinandersetzen. Einen Holzspieß durch die obere Torte stechen, sodass er beide Etagen zusammenhält. Mindestens 2 Stunden kalt stellen und nach Wunsch dekorieren.

Arbeitszeit: 2 Std. | Backzeit: 25 Min.
Ruhezeit: mind. 6 Std., besser über Nacht
Für 1 Torte mit 20–25 Stücken

TIPP – Einfach variieren

Ich mag die cremefarbige Torte sehr gerne, wenn ihr lieber eine weiße Torte möchtet, einfach das Frischkäsetopping von Seite 32 verwenden. Ihr könnt die Torte ganz nach euren Vorstellungen dekorieren, mit essbaren Blütenblättern, Früchten, Sahnetupfen.

Biskuitrolle

Ich liebe Biskuitrolle! Am liebsten mit frischen Erdbeeren und Erdbeerkonfitüre oder mit abgeriebener Zitronenschale und Lemoncurd. Oder wie wäre es mit dem Haselnussbiskuit von Seite 135, mit gegarten Zwetschgen zur Rolle geformt?

Für den Biskuit
1 x Grundrezept heller Biskuit → S. 134
Zucker zum Bestreuen

Für die Füllung
40 g Zucker
2 Päckchen Sahnesteif
400 g kalte Sahne
wer mag: etwas Vanille oder abgeriebene Bio-Zitronenschale
ca. 150 g Beeren oder andere Früchte + Früchte zum Garnieren
50 g Konfitüre oder Lemoncurd (passend zur Füllung)

Außerdem
etwas Puderzucker oder Sahne

Backblech
Backpapier

1. Für den Biskuit den Backofen auf 190 °C Ober-/Unterhitze vorheizen und ein Backblech mit Backpapier auslegen. Den hellen Biskuit nach dem Grundrezept zubereiten. Die Masse sofort auf das vorbereitete Backblech geben, sie sollte das Backblech ausfüllen, also mit wenigen Zügen glatt auch in die Ecken streichen.

2. Den Biskuit 11 bis 13 Minuten goldbraun backen, lieber zu kurz als zu lange backen, sonst wird er trocken und kann beim Aufrollen brechen.

3. Den Teig aus dem Ofen nehmen und sofort mit Zucker bestreuen. Ein weiteres Backpapier auf die Arbeitsfläche legen und die heiße Biskuitplatte daraufstürzen. Das Backpapier vorsichtig von der Oberseite der Biskuitplatte lösen.

4. Die Biskuitplatte ist jetzt noch flexibel. Von der langen Seite aus mit dem darunterliegenden Backpapier zu einer Rolle einrollen und vollständig auskühlen lassen.

5. Für die Füllung inzwischen Zucker und Sahnesteif mischen. Die kalte Sahne aufschlagen und dabei die Zuckermischung einrieseln lassen. Nach Wunsch mit Vanille oder Zitronenschale abschmecken. Die Früchte für die Füllung waschen, putzen und gegebenenfalls klein schneiden.

6. Die Roulade vorsichtig ausrollen und mit Konfitüre bestreichen. Dabei den oberen Rand frei lassen, damit beim Aufrollen nicht alles herausquillt. Die Sahne auf den Biskuit streichen und wiederum den oberen Rand frei lassen. Die Beeren oder Früchte auf der Sahne verteilen. Die belegte Teigplatte langsam von der längeren Seite aufrollen.

7. Die Roulade bis zum Servieren kalt stellen. Die äußeren Enden abschneiden und die Biskuitrolle mit Puderzucker bestäuben. Wer mag, kann sie auch mit Sahnetupfen oder frischen Früchten garnieren.

TIPP – Einfach variieren

Zur Inspiration hier einige meiner liebsten Kombinationen für Biskuitrolle:

- heller Biskuit → S. 134 – Lemoncurd – abgeriebener Zitronenschale in der Sahne
- Haselnussbiskuit → S. 135 – Zwetschgenkonfitüre – gegarte Zwetschgen – Zimtsahne
- Schokoladenbiskuit → S. 135 – Nussnougatcreme – gebrannte Nüsse – Schokoladensahne
- heller Biskuit → S. 134 mit Tonkabohne im Teig – Mangokonfitüre – exotische Früchte – Limettensahne

Arbeitszeit: **45 Min.**
Backzeit: **11–13 Min.**
Abkühlzeit: **mind. 1 Std.**
Für **1 Rolle mit 10–12 Stücken**

Besondere Teilchen

Diese kleinen Gebäcke
und Teilchen sind
so lecker, die brauchen
einfach ein
eigenes Kapitel.

Cookies

Es gibt unendlich viele Cookie-Rezepturen und -Varianten auf der Welt. Ob dünne, dicke, fluffige, feuchte oder knusprige Cookies – reine Geschmackssache. Ich mag diese Cookies sehr gerne. Und das Beste: Man kann das Grundrezept genau so mit Zusatzzutaten kombinieren, wie man möchte.

250 g zimmerwarme Butter
120 g Zucker · 120 g brauner Zucker
5 g Salz · 2 zimmerwarme Eier
280 g Mehl
5 g Natron · 5 g Backpulver
200–300 g Zusatzutaten nach Wunsch (→ Tipp)

2 Backbleche · Backpapier oder 2 Backmatten

1. **Für den Teig** Butter, beide Sorten Zucker und das Salz schaumig aufschlagen. Dann die Eier nacheinander dazugeben und jeweils 1 Minute aufschlagen.

2. Mehl, Natron und Backpulver zur Butter-Ei-Mischung geben und alles nur kurz und zügig verrühren, bis ein Teig entstanden ist. Dann die gewünschten Zusatzzutaten mit wenig Rühren unterheben. Den Teig mindestens 2 Stunden kalt stellen. Am besten schmecken die Cookies, wenn der Teig eine Nacht im Kühlschrank ruht.

3. Den Backofen vorheizen. Wenn mehrere Bleche auf einmal gebacken werden, auf 180 °C Umluft. Ansonsten empfehle ich 190 °C Ober-/Unterhitze auf der mittleren Schiene. Backbleche mit Backmatte oder Backpapier auslegen und die Cookies mit einem Eisportionierer auf dem Blech verteilen oder Kugeln mit etwa 50 g formen. Nicht flach drücken, der Teig läuft beim Backen auseinander.

4. Die Cookies etwa 17 Minuten backen, eventuell Position und Richtung der Bleche nach der Hälfte der Backzeit ändern. Falls die Cookies während des Backens zu sehr zerlaufen, den Teig mit einer großen umgedrehten Tasse oder einem Servierring nach etwa 13 Minuten in Form schieben und „rütteln". Fertig backen. Die Cookies sind direkt nach dem Backen noch sehr weich und werden beim Auskühlen fester. Sobald sie vollständig ausgekühlt sind, lassen sie sich in einer luftdichten Dose an einem kühlen Ort bis zu 1 Woche aufbewahren.

TIPP – Einfach variieren

- Vollmilch-Kuvertüre & Muskatnuss
- Dunkle Kuvertüre & karamellisierte Pekannüsse
- Weiße Kuvertüre & gesalzene Macadamianüsse
- Trockenfrüchte & Orangenabrieb
- Triple Chocolate: Weiße, Vollmilch- & dunkle Kuvertüre
- Tahin & weiße Schokolade
- Bunte Schokolinsen mit oder ohne Erdnüssen

Die Teigrohlinge lassen sich hervorragend einfrieren und können so nach Bedarf frisch gebacken werden. Dazu die Backzeit etwas verlängern.

Arbeitszeit: **30 Min.**
Ruhezeit: **mind. 2 Std., besser über Nacht**
Backzeit: **17 Min.**
Für **ca. 16 Stück**

Erdnussbuttercookies

Vorsicht, die geschmackliche Kombination aus Erdnussbutter, Schokolade und gesalzenen Erdnüssen macht süchtig. Ich übernehme keine Verantwortung! Misopaste ist eine japanische fermentierte Paste aus Sojabohnen und gibt Gebäcken einen tiefen, umami-artigen Geschmack – unbedingt Experimente wert.

2 EL Sojamehl + 5 EL kohlensäurehaltiges Wasser
250 g vegane Margarine
170 g stückige Erdnusscreme
130 g Rohrohrzucker
110 g Zucker
wer mag: 20 g Misopaste
240 g Mehl
5 g Natron
100 g gesalzene Erdnusskerne
200 g dunkle Kuvertüre

2 Backbleche
Backpapier oder 2 Backmatten

1. Das Sojamehl mit dem Sprudelwasser verrühren. Margarine, Erdnusscreme und beide Sorten Zucker schaumig aufschlagen. Wer mag, rührt die Misopaste unter. Die Sojamehl-Wasser-Mischung dazugeben und alle Zutaten verrühren.

2. Erdnüsse und Kuvertüre grob hacken. Mehl mit Natron mischen, zur Margarinemischung geben und alles nur kurz und zügig verrühren, bis ein Teig entstanden ist. Dann Erdnüsse und Kuvertüre unter den Teig mischen. Den Teig mindestens 2 Stunden kalt stellen. Am besten schmecken die Cookies, wenn der Teig eine Nacht im Kühlschrank ruht.

3. Den Backofen vorheizen. Wenn mehrere Bleche auf einmal gebacken werden, auf 180 °C Umluft. Ansonsten empfehle ich 190 °C Ober-/Unterhitze auf der mittleren Schiene. Backbleche mit Backmatten oder Backpapier auslegen und die Cookies mit einem Eisportionierer auf dem Blech verteilen oder Kugeln mit etwa 50 g formen. Nicht flach drücken, der Teig läuft beim Backen auseinander.

4. Die Cookies im Ofen 15 bis 18 Minuten backen. Nach der Hälfte der Backzeit die Position der Bleche im Ofen tauschen. Die Cookies sind noch weich, wenn sie aus dem Ofen kommen. Sobald sie ausgekühlt sind, haben sie die perfekte Konsistenz. Die Cookies lassen sich in einer luftdichten Dose an einem kühlen Ort bis zu 1 Woche aufbewahren.

TIPP – Vorbereiten
Der Teig lässt sich sehr gut einfrieren: Dafür einfach schonmal portionieren und eingepackt bis zu 4 Wochen im Eisfach aufbewahren.

Arbeitszeit: **25 Min.**
Ruhezeit: **mind. 2 Std., besser über Nacht**
Backzeit: **15 – 18 Min.**
Für **20 – 24 Stück**

Haferflockencookies

Diese kernigen Kekse sind perfekt für unterwegs oder um den Küchenschrank mal auszumisten (siehe Tipp). Mit Margarine sind sie zufällig auch vegan, wenn ihr lieber Butter mögt, einfach gegen die Margarine austauschen.

190 g Mehl
¾ TL Natron
170 g vegane Margarine
120 g brauner Zucker
100 g Zucker
½ TL Salz
½ TL Zimtpulver
¼ TL Lebkuchengewürz
¼ TL frisch geriebene Muskatnuss
1 reife Banane
150 g grob- oder feinblättrige Haferflocken
200 g Trockenfrüchte, Nüsse oder Kerne, grob gehackt

2 Backbleche
Backpapier oder 2 Backmatten

1. Das Mehl mit Natron mischen. Die Margarine mit braunem und weißem Zucker, Salz und den Gewürzen schaumig schlagen. Die Banane schälen, mit einer Gabel zerdrücken und dazugeben. Ebenfalls mit aufschlagen.

2. Die Mehl-Natron-Mischung zur Margarinemischung geben und alles kurz verkneten. Die Haferflocken dazugeben, danach die Trockenfrüchte, Nüsse oder Kerne. Den Teig mindestens 2 Stunden kalt stellen. Am besten schmecken die Cookies, wenn der Teig eine Nacht im Kühlschrank ruht.

3. Den Backofen vorheizen. Wenn mehrere Bleche auf einmal gebacken werden, auf 180 °C Umluft. Ansonsten empfehle ich 190 °C Ober-/Unterhitze auf der mittleren Schiene. Backbleche mit Backmatten oder Backpapier auslegen und die Cookies mit einem Eisportionierer auf dem Blech verteilen oder Kugeln mit etwa 60 g formen. Nicht flach drücken, der Teig läuft beim Backen auseinander.

4. Die Cookies im Ofen 15 bis 20 Minuten backen. Nach der Hälfte der Backzeit die Position der Bleche im Ofen tauschen. Die Cookies sind noch weich, wenn sie aus dem Ofen kommen. Sobald sie abgekühlt sind, haben sie die perfekte Konsistenz. Sie lassen sie sich in einer luftdichten Dose an einem kühlen Ort bis zu 1 Woche aufbewahren.

TIPP – Einfach variieren
Dieser Cookieteig ist „offen für alles“: Übrig gebliebene Nüsse, Mandeln, Trockenfrüchte oder andere geschmacklich passende Reste einfach mit in den Teig geben.

Arbeitszeit: 25 Min.
Ruhezeit: mind. 2 Std., besser über Nacht
Backzeit: 15–20 Min.
Für ca. 12 Stück

Mandel-Haselnuss-Brownies

Brownies für immer! Ganz ohne Mehl, dafür mit Nüssen, Mandeln, und viel Kuvertüre. Ich esse sie am liebsten kalt aus dem Kühlschrank, noch warm mit Vanilleeis oder kalter Kaffeesahne (siehe Tipp) oder als Dessert mit Früchten.

Für den Teig
250 g dunkle Kuvertüre
250 g Butter
5 sehr frische Eier
180 g Zucker
125 g gemahlene Haselnüsse
125 g gemahlene Mandeln
5 Prisen Fleur de Sel

Außerdem
etwas Puderzucker

Backblech 32 x 22 cm oder Springform 26 cm ø
Backpapier

1. Das Backblech mit Backpapier auslegen bzw. die Springform mit Backpapier bespannen. Den Backofen auf 170 °C Umluft vorheizen.

2. Für den Teig die Kuvertüre und die Butter in einer hitzebeständigen Schüssel über einem heißen Wasserbad schmelzen, dabei gelegentlich umrühren. Anschließend etwas abkühlen lassen.

3. Die Eier mit dem Zucker aufschlagen, sodass sich der Zucker löst. Dann die Schokoladen-Butter-Mischung unterrühren.

4. Die gemahlenen Haselnüsse und Mandeln unter die Masse rühren. Zum Schluss das Fleur de Sel dazugeben. Den Teig auf dem Blech verteilen oder in die Form füllen und im Ofen auf der mittleren Schiene 20 bis 25 Minuten backen. Der Brownie sollte innen noch feucht und cremig sein.

5. Den Kuchen vollständig auf dem Blech oder in der Form auskühlen lassen. Der Kuchen schmeckt auch lauwarm köstlich. Für eine saubere Schnittkante den Kuchen in der Form im Kühlschrank fest werden lassen. Zum Servieren in 10 bis 14 Stücke schneiden und mit etwas Puderzucker bestäuben.

TIPP – Mit weißer Kaffeesahne
Dafür 60 g Kaffeebohnen, 1 Zimtstange, 2 aufgebrochene Kardamomkapseln und 2 Sternanis in einer Pfanne ohne Fett anrösten, bis die Gewürze duften. 400 g Sahne auf etwa 40 °C erwärmen. Die Gewürze dazugeben und alles im Kühlschrank über Nacht ziehen lassen. Am nächsten Tag durch ein Sieb abgießen, die Sahne aufschlagen und nach Geschmack süßen. Passt sehr gut zu den Brownies!

Arbeitszeit: **15 Min.**
Backzeit: **20–25 Min.**
Für **10 bis 14 Stücke**

Shortbread mit Blüten

Der Teig ist zu Beginn sehr krümelig und macht den Eindruck, als ob er sich nicht zusammenkneten lässt. Das ist genau die richtige Konsistenz, denn nur so wird das Shortbread so mürbe, wie es sein soll. Die lange Backzeit bei niedriger Temperatur sorgt für den besonderen Geschmack.

Für den Teig
375 g Mehl
250 g zimmerwarme Butter, in kleinen Würfeln
60 g brauner Zucker
60 g Puderzucker
3 Prisen Salz (wer hat, nimmt Fleur de Sel)
Mark von ½ Vanilleschote

Außerdem
einige gepresste Kräuter oder Blüten → Tipp

2 Backbleche
Backpapier oder 2 Backmatten
Ausstechförmchen nach Wunsch

1. Für den Teig Mehl, Butter, beide Sorten Zucker, Salz und Vanillemark zügig miteinander verkneten. Am besten knetet ihr mit den Händen, denn die Wärme sorgt dafür, dass sich die Zutaten gut verbinden. Sobald ein Teig ohne sichtbare Butterstückchen entstanden ist, nicht weiterkneten.

2. Zwei Backpapiere bereitlegen. Den Teig auf ein Backpapier legen, falls er etwas krümelt, die Krümel mit in den Teig drücken. Etwas flach in Form pressen. Das andere Backpapier drauflegen und den Teig etwa 2 cm dick ausrollen.

3. Den Teig mindestens 1 Stunde kalt stellen. Danach auf etwa 5 mm ausrollen. Den Backofen auf 130 °C Umluft vorheizen. Die Backbleche mit Backpapier oder Backmatten auslegen.

4. Das obere Backpapier von der Teigplatte lösen und den Teig in den gewünschten Formen ausstechen. Falls der Teig zu warm wird, nochmal kalt stellen. Die Kekse auf die Backbleche verteilen.

5. Kräuter oder getrocknete Blüten vorsichtig in die Plätzchen eindrücken. Das Shortbread im Ofen 30 bis 40 Minuten goldbraun backen.

TIPP – Gepresste Kräuter und Blüten
Dafür z. B. Basilikum, Blutampfer, Minze, Johanniskraut, Schafgarbe, Gänseblümchen, Margariten, Kornblumen, Ringelblumen sammeln. Pflanzen neben stark befahrenen Straßen, von gespritzten oder von Hunden besuchten Flächen eignen sich nicht. Zwischen zwei schweren Büchern zwischen Küchenpapier oder Löschpapier mindestens 2 Wochen pressen. Danach in einem luftdichten Behälter aufbewahren und Kuchen und Torten damit verschönern.

Arbeitszeit: 45 Min.
Ruhezeit: mind. 1 Std.
Backzeit: 30–40 Min.
Für 2–3 Bleche, je nach Ausstechgröße

Mandelgebäck

Eine Straße weiter vom „Hier und heute"-Studio in Köln gibt es ein kleines italienisches Lokal. Wenn Zeit zwischen Probe und Sendung ist, gehe ich gerne für einen Espresso und so ein Kügelchen Mandelgebäck dorthin. Der beste Italien-Kurzurlaub!

250 g gemahlene Mandeln
150 g Zucker
3 Prisen Salz
2 Tropfen Bittermandelaroma
wer mag: abgeriebene Orangenschale oder Instant-Kaffee
1 EL Honig
2 Eiweiß
70 g Puderzucker

Backblech
Backpapier

1. Die gemahlenen Mandeln, den Zucker, Salz und das Bittermandelaroma in einer Rührschüssel mischen. Wer mag, gibt noch weitere Geschmackszutaten dazu, z. B. abgeriebene Orangenschale oder Instant-Kaffee.

2. Honig und Eiweiße hinzufügen und alle Zutaten zu einem Teig verrühren. Den Teig etwa 30 Minuten zugedeckt im Kühlschrank kalt stellen.

3. Den Backofen auf 180 °C Umluft vorheizen. Den Puderzucker auf einen großen Teller geben. Mit einem Esslöffel Teigkugeln (etwa 20 g pro Kugel) abstechen und rund formen. Die Teigkugeln rundum im Puderzucker wälzen.

4. Backbleche mit Backmatten oder Backpapier auslegen. Die Teigkugeln auf einem mit Backpapier oder einer Backmatte belegten Backblech verteilen. Falls die Variante mit Amarena-Kirschen oder Mandeln gewünscht ist (→ Tipp), diese vor dem Backen auf die Bällchen drücken, damit sie nicht abfallen.

5. Das Mandelgebäck im Ofen etwa 12 Minuten backen. Herausnehmen, kurz auf dem Blech anziehen lassen, dann auf einem Kuchengitter vollständig auskühlen lassen. In einem luftdichten Behälter ist das Mandelgebäck etwa 2 Wochen haltbar.

TIPP – Einfach variieren
Wer mag, kann die Kekse außerdem noch mit 2 TL Instant-Kaffee, etwas Orangenschale (in Schritt 1 untermischen), Amarena-Kirschen oder ganzen Mandeln (in Schritt 4 in den Teig drücken) verfeinern.

Arbeitszeit: 20 Min.
Ruhezeit: 30 Min.
Backzeit: 12 Min.
Für ca. 20 Stück

Amerikaner

In meiner Kindheit kam jeden Samstag ein Bäckerwagen in Westernbödefeld vors Haus gefahren. Ich durfte bei meiner Mutter jedes Wochenende eine Bestellung aufgeben, welches Gebäckstück ich möchte. Es waren immer Amerikaner. Würde ich heute genauso machen!

Für den Teig
125 g weiche Butter
100 g Zucker
abgeriebene Schale von ½ Bio-Zitrone
3 Prisen Salz
2 zimmerwarme Eier
250 g Mehl
50 g Speisestärke
10 g Backpulver
80 ml Milch

Außerdem
1 x Grundrezept Zuckerguss oder Eierlikör-Zuckerguss → S. 30
einige Zuckerstreusel oder ca. 50 g geschmolzene Kuvertüre

2 Backbleche · Backpapier
ggf. Spritzbeutel mit großer Lochtülle

1. Die Backbleche mit Backpapier auslegen und den Ofen auf 180 °C Umluft vorheizen.

2. Für den Teig Butter mit Zucker, Zitronenschale und Salz schaumig aufschlagen. Anschließend die Eier nacheinander dazugeben und jeweils 1 Minute kräftig aufschlagen.

3. Mehl, Stärke und Backpulver mischen, zügig unter die Butter-Ei-Mischung rühren. Die Milch zügig einarbeiten, sonst wird der Teig fest und zäh.

4. Den Teig entweder in einem Spritzbeutel mit großer Lochtülle füllen und damit je nach Größe 12 bis 15 Häufchen mit ausreichend Abstand auf die Bleche verteilen. Wer keinen Spritzbeutel zur Hand hat, kann das auch mit zwei Löffeln machen. Die Rundung der Amerikaner etwas nachformen. Dafür etwas Wasser in ein Gefäß geben, die Fingerspitzen anfeuchten und die Teighaufen in der Rundung etwas glatt streichen.

5. Die Amerikaner sollten unbedingt im vollständig vorgeheizten Backofen backen, sonst zerlaufen sie! Etwa 15 Minuten backen. Anschließend herausnehmen und komplett auskühlen lassen.

6. Zum Verzieren Zucker- oder Eierlikör-Zuckerguss nach dem Grundrezept zubereiten. Falls der Guss zu flüssig ist, etwas mehr Puderzucker unterrühren. Die Amerikaner damit bestreichen. Den Guss trocknen lassen. Zuletzt mit etwas geschmolzener Kuvertüre verzieren: Dazu mithilfe eines Löffels oder einer Gabel dünne Linien darüber laufen lassen. Zuckerperlen, auf den frischen Guss gestreut, sehen übrigens auch schön aus.

Arbeitszeit: **1 Std.**
Backzeit: **15 Min.**
Abkühlzeit: **mind. 30 Min.**
Für **12–15 Stück**

Pavlova mit Erdbeeren

Übriggebliebenes Eiweiß findet in diesen prächtigen Törtchen die optimale Verwendung. Ich habe sie das erste Mal als Dessert in einem Restaurant in Frankreich zubereitet. Mit Mascarponecreme, Erdbeeren, Erdbeersorbet und Gänseblümchen.

Für die Baisers
4 zimmerwarme Eiweiß
2 Prisen Salz
200 g Zucker
2 TL Speisestärke
1 TL Zitronensaft oder Essig (Apfelessig, Weißweinessig)

Für die Creme
2 Päckchen Vanillezucker
1 Päckchen Sahnesteif
200 g kalte Sahne
Mark von ½ Vanilleschote
250 g Mascarpone

Außerdem
600 g Erdbeeren

2 Backbleche
Backpapier
Spritzbeutel oder Löffel

1. Den Backofen auf 120 °C Umluft vorheizen und die Backbleche mit Backpapier auslegen.

2. Für die Baisers die Eiweiße mit dem Salz in einer sauberen (fettfreien!) Schüssel steif schlagen. Dabei nach und nach den Zucker einrieseln lassen.

3. Die Speisestärke sieben und auf den Eischnee geben. Mit einem Schneebesen unterrühren. Den Zitronensaft oder Essig ebenfalls unterrühren.

4. Mithilfe von zwei Esslöffeln den Eischnee auf die Bleche verteilen: Dazu mit reichlich Abstand 6 größere oder 12 kleinere Häufchen formen und mithilfe des Löffels eine Mulde für die Füllung formen.

5. Den Ofen auf 100 °C herunterschalten und die zwei Bleche in den Ofen auf die mittlere und untere Schiene schieben. Die Baisers etwa 75 Minuten trocknen. (Falls sie zu dunkel werden, die Temperatur auf 80 °C verringern.) Den Backofen ausschalten und die Törtchen darin abkühlen lassen. Dabei den Ofen einen Spalt breit auflassen (z. B. mithilfe eines eingeklemmten Geschirrtuchs), so kann die Feuchtigkeit entweichen.

6. Für die Creme den Vanillezucker mit dem Sahnesteif mischen. Die kalte Sahne steif schlagen, dabei die Vanillezuckermischung einrieseln lassen. Das ausgekratzte Vanillemark ebenfalls dazugeben. Den Mascarpone in einer Schüssel mit einem Schneebesen vorsichtig glatt rühren. Die Sahne unterheben und die Creme bis zur Verwendung abgedeckt im Kühlschrank kalt stellen.

7. Die Erdbeeren waschen und putzen, evtl. einige Erdbeeren zur Garnitur mit Grün lassen. Je nach Größe die Erdbeeren halbieren, vierteln oder ganz lassen. Mein Geheimtipp: 100 g Erdbeeren pürieren. Das gibt extra Erdbeergeschmack und ein tolles Zusammenspiel von Konsistenzen im Mund.

8. Die abgekühlten Törtchen vom Backpapier lösen und etwas Erdbeerpüree in die Mulden geben. Danach etwas Mascarponecreme mithilfe eines Spritzbeutels oder mit einem Löffel daraufgeben. Mit den Erdbeeren garnieren. Die Törtchen am besten kurz vor dem Servieren fertigstellen, damit das Baiser-Unterteil nicht aufweicht.

TIPP – Einfach variieren
Dieses Rezept schmeckt auch mit exotischen Früchten wunderbar.

Arbeitszeit: **30 Min.**
Backzeit: **75 Min.**
Abkühlzeit: **mind. 2 Std.**
Für **6 große oder 12 kleine Törtchen**

Kuchen ohne Backen

Diese Kuchen und Torten
brauchen nur
einen Kühlschrank oder
ein Eisfach um „gar"
zu werden.

Eissplittertorte

Egal bei welcher Außentemperatur – die Eissplittertorte geht immer und ist sehr einfach zu machen. Diese Köstlichkeit gab's schon in meiner Kindheit regelmäßig, das Rezept ist von meiner Mutter.

ca. 100 g Baiser (aus der Bäckerei oder dem Supermarkt)
150 g Schokolade mit Kaffeegeschmack oder Mokkaböhnchen
400 g kalte Sahne
30 g Vanillezucker
100 g Haselnusskrokant

Springform 20 cm ø oder Springform 26 cm ø

1. Das Baiser mit den Fingern oder einem Messer grob zerbröseln, die Schokolade oder die Mokkaböhnchen mit einem Messer klein hacken.

2. Die Sahne steif schlagen und dabei den Vanillezucker einrieseln lassen.

3. Die gehackte Schokolade, den Haselnusskrokant und die Baiserbrösel unter die Sahne heben.

4. Die Mischung in die gewünschte Form geben und mindestens 6 Stunden, besser über Nacht, ins Gefrierfach stellen.

5. Die Eissplittertorte kurz vor dem Servieren aus dem Gefrierfach nehmen und etwas antauen lassen. Anschließend aus der Form lösen (→ S. 10) und in Stücke schneiden. Wer mag, kann zum Servieren noch etwas gehackte Schokolade und zerbröselte Baisers darüberstreuen.

TIPP – Einfach variieren
Für kleine Eistörtchen die 12 Mulden eines Muffinblechs mit Papierförmchen auslegen und die Masse darauf verteilen.

Arbeitszeit: 20 Min.
Gefrierzeit: mind. 6 Std.
Für 1 Eistorte mit 10–12 Stücken

Schokoladen-Brombeer-Torte

Die schwarzen Schokoladencremeplätzchen als Boden bilden den optimalen süßen Kontrast zur Säure der Beeren. Ihr könnt auch Butter- oder Haferplätzchen verwenden. Diese Torte gab es im Hochsommer im "Hier und heute"-Garten. Es war sehr heiß an dem Tag, die Torte war die perfekte Erfrischung.

Für den Boden
300 g schwarze Schokoladencremecookies
100 g Butter

Für die Creme
400 g Sahne
5 Blatt Gelatine oder 7 g Agar-Agar
300 g Frischkäse
40 g Zucker
abgeriebene Schale von ¼ Bio-Orange

Außerdem
300 g Brombeeren
Minze oder Basilikum zum Garnieren

Springform 20 cm ø
Backpapier

1. Für den Boden die Schokoladenkekse in einem Gefrierbeutel mit einem Nudelholz oder in einem Mixer zu feinen Bröseln zerkleinern.

2. Die Butter schmelzen. Die Brösel mit der geschmolzenen Butter mischen. Den Boden der Springform mit Backpapier bespannen. Die Mischung in die Form füllen und mit einem Glasboden oder einem Löffel fest andrücken.

3. Für die Creme 100 g Sahne in einen kleinen Topf füllen und die Gelatine oder das Agar-Agar verarbeiten (→ S. 16).

4. Die restliche Sahne steif schlagen. Frischkäse, Zucker, Schoko-Sahne-Creme und Orangenschale glatt rühren. Anschließend die Sahne mit Agar-Agar oder Gelatine gründlich einrühren. Zuletzt die geschlagene Sahne unterheben.

5. Die Creme auf dem vorbereiten Keksboden verteilen, glatt streichen und mindestens 4 Stunden, besser über Nacht, kalt stellen. Vor dem Lösen aus der Form die Torte etwa 20 Minuten in den Froster stellen. Mit einem Föhn die Torte aus dem Ring lösen (→ S. 10).

6. Zum Servieren die Brombeeren waschen und trocken tupfen. Die Torte mit Brombeeren und Minze oder Basilikum dekorieren.

TIPP – Einfach mehr
Für eine Torte mit 26 cm ø oder eine höhere 20-cm-Torte die Zutaten für die Creme und bei 26 cm ø auch für den Boden verdoppeln.

Arbeitszeit: **45 Min.**
Abkühlzeit: **mind. 4 Std., besser über Nacht**
Für **1 Torte mit 6–8 Stücken**

Weiße Schokoladen-Ingwer-Torte

Diese Torte geht in jedem Monat. Mit etwas Lebkuchengewürz in der Konfitüre ist sie genau das Richtige in der dunklen Jahreszeit. Mit Thymian oder Rosmarinzweigen und goldenen Streuseln, wirkt sie sogar optisch weihnachtlich.

Für den Boden
70 g Butter
400 g Ingwerplätzchen oder Rübensirup-Cookies (→ Boden veganer Cheesecake S. 92)
2 Prisen Salz
wer mag: walnussgroßes Stück Ingwer, frisch gerieben oder ½ TL gemahlener Ingwer

Für die Creme
300 g weiße Schokolade
400 g Sahne
½ Vanilleschote
300 g Frischkäse
2 Prisen Salz
abgeriebene Schale von ½ Bio-Orange

Außerdem
100 g Konfitüre nach Wunsch
wer mag: etwas Ingwer, frisch gerieben
einige Rosmarinnadeln oder Thymianzweige
wer mag: Zuckerperlen

Springform 20 cm ø
Backpapier

1. Für den Boden die Butter in einem kleinen Topf schmelzen. Die Kekse in einem Gefrierbeutel mit einem Nudelholz oder in einem Mixer zu feinen Bröseln zerkleinern. Die Brösel mit dem Salz und nach Geschmack mit Ingwer mischen.

2. Die Brösel mit der geschmolzenen Butter mischen. Den Boden der Springform mit Backpapier bespannen. Die Mischung in die Form füllen und mit einem Glasboden oder einem Löffel andrücken.

3. Für die Creme die weiße Schokolade klein hacken und über einem Wasserbad schmelzen (→ S. 11). Anschließend etwas abkühlen lassen. Währenddessen die Sahne steif schlagen. Vanilleschote längs halbieren und das Mark herauskratzen.

4. Den Frischkäse glatt rühren, dann mit der geschmolzenen weißen Schokolade mischen. Dabei Salz, Vanillemark und Orangenschale mit unterrühren. Zuletzt die geschlagene Sahne unterheben.

5. Die Creme auf dem vorbereiten Keksboden verteilen, glatt streichen und mindestens 4 Stunden kalt stellen. Vor dem Lösen aus der Form die Torte etwa 20 Minuten in das Gefrierfach stellen. Mit einem Föhn die Torte aus dem Ring lösen (→ S. 10).

6. Zum Servieren die Konfitüre falls gewünscht mit etwas Ingwer abschmecken und auf der Torte verstreichen. Mit Rosmarinnadeln oder Thymianblättchen und Zuckerperlen garnieren.

Arbeitszeit: **45 Min.**
Abkühlzeit: **mind. 6 Std., besser über Nacht**
Für **1 Torte mit 10–12 Stücken**

Erdbeer-Tiramisu

Ich gebe zu, ein richtiger Kuchen ist das nicht, aber als ich das Rezept für „Hier und heute" ausprobiert habe, wusste ich: Das ist so lecker und einfach, das darf ich euch nicht vorenthalten. Einige Stunden vor dem Verzehr zubereiten, damit alle Schichten verschmelzen. Die Menge reicht theoretisch für 8 Personen – aber nur theoretisch.

Für das Tiramisu
1 kg Erdbeeren
60 g Zucker
1 Päckchen Sahnesteif
400 g Sahne
500 g Mascarpone
Mark von ½ Vanilleschote
200 ml Orangensaft
300 g Löffelbiskuits

Außerdem
50 g gehobelte, geröstete Mandeln oder etwas Kakaopulver zum Bestäuben

großes Dessertglas oder Form mit ca. 3 l Fassungsvermögen

1. Die Erdbeeren waschen, trocken tupfen und die Stielansätze entfernen. 500 g Erdbeeren pürieren, 400 g Erdbeeren in Scheiben schneiden. 100 g Erdbeeren als Garnitur beiseitelegen.

2. Den Zucker mit dem Sahnesteif mischen. Die Sahne aufschlagen, dabei die Zucker-Sahnesteif-Mischung einrieseln lassen.

3. Mascarpone glatt rühren. Die Vanilleschote längs halbieren und das Mark herauskratzen. Das Vanillemark mit dem Mascarpone verrühren, anschließend die Sahne unterheben. Nach Geschmack eventuell noch etwas nachsüßen.

4. Den Orangensaft zum Tränken der Biskuits in eine flache kleine Schale füllen. Die Löffelbiskuits nur sehr kurz darin tränken. Eine Lage getränkte Löffelbiskuits auf dem Boden der Form auslegen. Mit einem Drittel des Erdbeerpürees bestreichen. Ein Drittel der Erdbeerscheiben darauf verteilen. Ein Drittel der Creme darauf verstreichen.

5. Auf diese Weise noch zwei weitere Schichten einlegen. Eine Schicht Creme bildet den Abschluss.

6. Das Tiramisu mindestens 2 Stunden kalt stellen. Zum Servieren mit frischen Erdbeeren belegen. Falls etwas Erdbeerpüree übrig sein sollte, dieses auf der obersten Cremeschicht verstreichen.

TIPP - Einfach variieren
Anstelle von Mascarpone könnt ihr auch Quark in der gewünschten Fettstufe verwenden. Alternativ mit gerösteten Mandelblättchen oder Kakaopulver bestreuen. Für ein flacheres Gefäß oder als kleines Dessert im Glas die Schichten dementsprechend aufteilen.

Arbeitszeit: 20 Min.
Kühlzeit: mind. 2 Std.
Für 6 – 8 Portionen

Pfannkuchentorte

Diese Pfannkuchentorte gab es im Winter mit exotischen Früchten bei „Hier und heute". Im Sommer sollte man dieses Prachtstück unbedingt mit frischen Beeren machen. Wer keine Lust auf Torte hat, kann das Rezept einfach halbieren oder vierteln und Pfannkuchen essen.

Für die Pfannkuchen
300 g Mehl
375 g Milch
125 ml Wasser mit Kohlensäure
30 g Zucker
3 Prisen Salz
¼ TL Zimtpulver
4 Eier
Öl für die Pfanne

Für die Fruchtgarnitur
ca. 300 g Obst (z. B. exotische Früchte oder Beeren)

Für die Creme
2 Päckchen Sahnesteif
60 g Zucker
200 g Sahne
250 g Quark in gewünschter Fettstufe
abgeriebene Schale von 1 Bio-Limette oder Bio-Zitrone
Mark von ½ Vanilleschote oder 1 TL Vanillepaste
ca.100 g Konfitüre nach Geschmack

Pfanne

1. **Für die Pfannkuchen** das Mehl in eine Schüssel füllen. Milch mit Wasser mischen und nach und nach mit dem Mehl verrühren. Anschließend Zucker, Salz und Zimt untermischen. Die Eier unterrühren. Den Teig durch ein Sieb gießen, damit eventuelle Mehlklümpchen entfernt werden, und etwa 10 Minuten ruhen lassen.

2. Etwas Öl in eine Pfanne geben und mit einer Suppenkelle etwas Teig in die Pfanne gießen. Die Pfanne schwenken, damit sich der Teig verteilt (die Pfannkuchen sollen eher dünne „Crepes" werden). Die Pfannkuchen von beiden Seiten jeweils 1 bis 2 Minuten goldbraun braten und herausnehmen. Auf diese Weise 10 bis 12 Pfannkuchen backen. Die fertigen Pfannkuchen aufeinanderstapeln und vollständig auskühlen lassen.

3. **Für die Fruchtgarnitur** die Früchte waschen, ggf. schälen und je nach Größe halbieren oder Schnitze oder Scheiben schneiden.

4. **Für die Creme** Sahnesteif und Zucker mischen. Die Sahne aufschlagen, dabei die Zucker-Sahnesteif-Mischung einrieseln lassen. Den Quark mit der Zitrusschale und Vanille in einer Schüssel glatt rühren. Dann die Sahne unterheben. Die Creme bis zur Verwendung kalt stellen.

5. Die abgekühlten Pfannkuchen mit Konfitüre und Quarkcreme dünn bestreichen und übereinanderstapeln. Die oberste Schicht mit Quarkcreme abschließen und die Torte mit Früchten garnieren.

Arbeitszeit: **1 Std.**
Abkühlzeit: **mind. 2 Std.**
Für **1 Torte mit 12–14 Stücken**

Quarkbällchen mit Beerensauce

Sie schmecken auch ohne die Beerensauce hervorragend. Ihr könnt auch Beeren, Apfel- oder Birnenstückchen unter den Teig mischen. Am besten sind die Bällchen ganz frisch. Mit dem übrigen Fett könnt ihr die Donuts von Seite 125 ausprobieren.

Für die Beerensauce
½ Vanilleschote
50 g Zucker
300 ml roter Fruchtsaft (z.B. Traubensaft; wer mag, nimmt Rotwein)
2 ganze Sternanis oder ½ TL gemahlener Sternanis
1 Zimtstange
abgeriebene Schale von ½ Bio-Orange
30 g Speisestärke
500 g tiefgekühlte gemischte Beeren

Für die Quarkbällchen
1 Bio-Zitrone
250 g Magerquark
2 Eier
100 g Zucker
1 Päckchen Vanillezucker
2 Prisen Salz
250 g Mehl · ½ TL Natron

Außerdem
1 l Öl zum Frittieren
Puderzucker zum Servieren

Topf oder Fritteuse

1. **Für die Beerensauce** die Vanilleschote längs aufschneiden und das Mark herauskratzen. Zucker mit 30 ml Wasser in einem großen Topf bei mittlerer Hitze bernsteinfarben karamellisieren. Dabei nicht rühren, sondern den Topf nur schwenken. Wenn die gewünschte Farbe erreicht ist, den Karamell mit ¼ l Fruchtsaft ablöschen. Sternanis, Vanillemark, Vanilleschote, Zimt und Orangenschale dazugeben und die Mischung bei schwacher Hitze 5 Minuten köcheln lassen, sodass sich der Karamell löst.

2. Die Speisestärke mit dem restlichen Saft klümpchenfrei verrühren. Die ganzen Gewürze aus der Sauce im Topf entfernen und beiseitelegen. Die Sauce zum Kochen bringen, die Stärkemischung einrühren und alles 30 Sekunden unter Rühren köcheln lassen. Die Gewürze wieder dazugeben.

3. Die tiefgekühlten Früchte dazugeben und gut durchrühren. Mindestens 30 Minuten ziehen lassen und nochmals durchrühren. Mit fein geriebenem Sternanis abschmecken.

4. **Für die Quarkbällchen** die Zitrone heiß waschen, abtrocknen und die Schale von ¼ Frucht abreiben. Quark, Eier, Zucker, Vanillezucker, Zitronenabrieb und Salz mit einem Handrührgerät mischen.

5. Mehl mit Natron mischen und mit der Quarkmischung zu einem klebrigen Teig verrühren. Zitrone auspressen und den Saft unter den Teig rühren.

6. **Zum Frittieren** das Fett auf etwa 170 °C erhitzen (→ S. 9). Es ist heiß genug, wenn an einem hineingehaltenen Holzkochlöffel Bläschen aufsteigen. Ein Abtropfgitter mit Küchenpapier darunter bereitstellen. Bällchen mit je 30 bis 40 g Teig mit einem Esslöffel oder Eisportionierer in das heiße Fett geben. Die Bällchen 5 bis 6 Minuten goldbraun frittieren, dabei einmal wenden. Mit einem Schaumlöffel herausheben und auf dem Gitter mit Küchenpapier abtropfen lassen. Frittiert immer nur 6 bis 8 Bällchen auf einmal, sonst wird es zu eng und das Fett kühlt zu sehr ab.

7. Die warmen Quarkbällchen mit viel Puderzucker bestreuen und mit der Beerensauce servieren, wer mag, gibt noch Vanilleeis dazu.

TIPP – Restlos glücklich
Das Rezept für die Beerensauce ergibt etwas mehr als für die Quarkbällchen benötigt. Den Rest mit Vanilleeis oder Vanillepudding essen.

Arbeitszeit: **50 Min.**
Abkühlzeit: **30 Min.**
Für **15–17 Stück**

Rezeptverzeichnis

Im Folgenden findet ihr alle Rezepte alphabetisch und nach wichtigen Zutaten und Kategorien geordnet. Grundrezepte, Extra-Rezepte und vegane bzw. potenziell vegane Rezepte sind gesondert aufgelistet.

Extrarezepte (in Tipps oder als Komponenten)

Vegane und optional vegane Rezepte

Grundrezepte

Hier und heute

Gebäck und Torten sind ihre Welt. Wenn Theresa Knipschild in der *„Hier und heute“*-Küche steht, dann merkt man sofort ihre Leidenschaft für die Patisserie.

An der Handwerkskammer in Köln erhielt die gebürtige Sauerländerin ihren Meisterbrief. Nach Realschulabschluss und Abitur zog es sie zuerst an die Uni, um soziale Arbeit zu studieren, aber die Leidenschaft für das Backwerk siegte. Mittlerweile ist sie auch als Dozentin für das Fach Konditorei tätig und regelmäßig im WDR Fernsehen als Expertin zu Gast.

Im August 2019 hatte Konditormeisterin Theresa Knipschild ihre ersten Auftritte im WDR Fernsehen im Kochformat *„Meisterküche“* mit für sie zwei typischen Rezepten: Frei nach dem alten Waffelrezept ihrer Oma interpretierte sie „Bergische Waffeln mit Beerensalat und Zitronen-Minz-Granité“ einmal anders. Und auch mit „Kartoffelkuchen mit Kirschen und Orangencreme“ traf sie sofort den Geschmack der Zuschauer*innen – was an den hohen Abrufzahlen im Internet abzulesen war.

Es folgten bald ein Auftritt in *„Der Vorkoster“* mit Spitzenkoch Björn Freitag sowie ihre erste eigene Sendung *„Backstories mit Theresa“*. Mit Kochkollegin Zora Klipp vom NDR bäckt Theresa Knipschild seit 2022 in der Sendung *„Schmeckt. Immer.“* Das Koch- und Backduo setzt dabei mit Erfolg auf Rezeptideen mit preiswerten Zutaten und schnelle, einfache Zubereitung – immer nah dran am Verbraucher, Kochen und Backen zum Nachmachen für alle.

Bei *„Hier und heute“* steht die Konditorin im Wechsel mit anderen Kollegen wie Marcel Seeger aus Nettetal und Mathias Ludwigs vor der Kamera. Hier präsentiert sie ihre Rezeptideen vom klassischen Käsekuchen über Fruchttorten, wie der Aprikosen-Tarte-Tatin, bis hin zu Weihnachtsplätzchen.

Dabei greift sie gerne aktuelle kulinarische Trends auf und lässt sich von der regionalen und internationalen Patisserie inspirieren. Wichtig ist ihr dabei immer, dass ihre Rezepte einfach nachzubacken sind und keine aufwendigen Zutaten oder komplizierte Abläufe haben.

Alltagstauglichkeit ist das Zauberwort, und genau darum werden ihre köstlichen Kreationen gerne von den WDR-Zuschauern nachgebacken.

ZUR AUTORIN

Theresa Knipschild ist Konditormeisterin, lebt in der Nähe von Köln und begeistert Backfans regelmäßig im „ARD-Buffet", bei „Hier und heute", in der „Meisterküche" oder an der Seite von Fernsehköchin Zora Klipp in der Sendung „Schmeckt. Immer." Ihr Grundsatz: Es muss einfach und auch ohne viel Erfahrung nachzubacken sein. Sie schätzt besonders die Kombination aus erlerntem Handwerk und alltagstauglichen Tipps.

BILDNACHWEIS

Alle Fotos Jo Kirchherr, außer Coverfoto und S. 4, 18, 182: 31Media GmbH/ Ben Fuchs

FOOD FOTOS

Im Buch enthaltene Fotos können zur eigenen Nutzung erworben werden unter *www.stockfood.de*

IMPRESSUM

Hinter jedem tollen Buch steckt ein starkes Team

Projektleitung: *Sonja Forster*
Texte und Rezepte: *Theresa Knipschild*
Lektorat: *Katharina Lisson*
Covergestaltung und grafische Gestaltung: *Katharina Fesl*
Satz: *Anton Walter*
Fotografie Cover: *31Media GmbH/ Ben Fuchs*
Fotografie Innenteil: *Jo Kirchherr*
Setstyling: *Petra Blank*
Foodstyling: *Theresa Knipschild*
Herstellung: *Frank Jansen*
Producing: *Jan Russok*
Druck & Bindung: *optimal media GmbH, Röbel*

© WDR, Köln: Lizenziert durch die WDR mediagroup GmbH

Alle Rechte vorbehalten. All rights reserved.
Das Werk darf — auch teilweise — nur mit Genehmigung des Verlags wiedergegeben werden.

Die automatisierte Analyse des Werkes, um daraus Informationen insbesondere über Muster, Trends und Korrelationen gemäß § 44b UrhG („Text und Data Mining") zu gewinnen, ist untersagt.

3. Auflage 2025

© 2023 Edel Verlagsgruppe GmbH,

Neumühlen 17, 22763 Hamburg
ISBN: 978-3-96584-337-0
Redaktionsanschrift:
ZS, Edel Verlagsgruppe GmbH,
Kaiserstraße 14b, 80801 München
www.zsverlag.de/kontakt
www.edelverlagsgruppe.de/kontakt

LIEBE LESERINNEN, LIEBE LESER

wie schön, dass Sie ein Buch von ZS in den Händen halten. „jetzt leben!“ ist das Motto unseres Verlages. Es steht für Genuss und Inspiration, Unterstützung und Motivation. Ob Kulinarik oder Fitness, Gesundheit oder Lebenshilfe – seit über 30 Jahren bieten wir kompetente Ratgeber für (fast) alle Lebenslagen. Wir lieben Tradition genauso wie Innovation – sie treiben uns an. Unsere Autorinnen und Autoren sind Menschen, die zu ihrem Thema wirklich etwas zu sagen und zu schreiben haben. Unsere Produkte sind erzählerisch, appetitmachend und als gedruckte Bücher haptisch echte Erlebnisse. Für Sie mit ganz viel Liebe gemacht! Entdecken Sie mehr aus unserer wunderbaren Welt!

UNSER VERLAGSHAUS

Mit Standorten in Hamburg und München zählt die Edel Verlagsgruppe zu den größten unabhängigen Buchanbietern Deutschlands. Zur Gruppe gehören die Verlage Dr. Oetker Verlag, Edel Sports, KARIBU und ZS.

ZS - Ein Verlag der Edel Verlagsgruppe
www.zsverlag.de
www.facebook.com/zsverlag
www.instagram.com/zsverlag

HINWEIS

Die Ratschläge in diesem Buch wurden mit größter Sorgfalt von Autorin und Verlag erarbeitet und geprüft. Eine Garantie kann jedoch nicht übernommen werden. Ebenso ist eine Haftung der Autorin bzw. des Verlags und seiner Beauftragten für Personen-, Sach- oder Vermögensschäden ausgeschlossen.

NEWSLETTER

Was koche ich heute Feines? Und wie geht das – schmackhaft und gesund?

Melden Sie sich jetzt zum ZS-Genuss-Service an und verpassen Sie keine kulinarischen und gesundheitlichen Trends mehr.
Wir informieren Sie regelmäßig über unsere Neuerscheinungen, Aktionen oder Gewinnspiele und verraten Ihnen unsere Lieblingsrezepte!

GEWINNEN

Unter allen Neuabonnierenden verlosen wir jeden Monat eine *ZS-Genuss-Box* im Wert von 75,00 €.

Jetzt anmelden unter:
www.zsverlag.de/newsletter
oder den QR Code scannen:

ANMELDEN!

Authentisch und doch modern

Die Landfrauen
Land & lecker (Bd. 6)

ISBN 978-3-96584-259-5

Das Beste von den Landfrauen

Jetzt überall,
wo es gute Bücher gibt.

Genussvolle Zeitreise: 10 Jahre Land & lecker

Die Landfrauen das Jubiläumsbuch

ISBN 978-3-89883-978-5

Neue Rezepte und Highlights

Jetzt überall, wo es gute Bücher gibt.